소크라테스, 붓다를 만나다

스님들과 함께한 첫 번째 철학 강의

해리슨 J. 펨버턴 지음
추미란 옮김

존경하는 트린리 타예 도르제(Trinley Thaye Dorje) 성하님께
감사의 마음으로 이 책을 바칩니다.

불교가 도대체 무엇일까? 대체로 이 물음을 던지는 사람은 불교 공부를 처음 하는 사람일 가능성이 높지만, 그 중에는 이미 상당한 정도의 공부를 한 사람도 포함되어 있다. 불교가 가지고 있는 다차원적이고 다층적인 측면과 특성을 발견하며 혼란을 경험하는 경우가 적지 않기 때문이다. 우리 사회에서 불교는 주로 종교의 하나로 받아들여지고 있지만, 그 불교는 동시에 철학인 것 같기도 하고 윤리인 것 같기도 하다.

이런 물음을 안고서 혼자 끙끙대다가, 도움이 될 만한 책을 찾아보거나 주위의 불교 전공자 또는 불교신자를 찾아보게 된다. 하지만 속 시원한 대답을 얻는 경우는 드물고, 오히려 더 많은 혼란을 경험하고서는 절망하거나 아예 더 이상의 공부와 관심을 포기하는 경우도 없지 않다. 이런 사태가 일어나는 데는 그 배후에 여러 원인과 이유들이 자리하고 있을 테지만, 그 중에서도 불교 관련 책이나 글, 말이 어렵고 소통이 잘 되지 않는 고질적인 문제가 가장 많이 등장하곤 한다.

불방 불교권은 산스크리트 경전이 한문불전으로 번역되어 소통된다. 이에 속한 한국불교계에는 암호 같은 한자어나 한문을 거리낌 없이 동원하는 불교학자나 스님들이 많이 있고, 우리말로 번역된 경전이나 불교 관련 서적들도 사정은 크게 다르지 않다. 그러다보니 아예 영어로 된 불교책이나 그 번역본을 읽는 게 낫다고 말하는 사람들까지 나타나고 있다. 실제로도 그런 책의 가독성이 훨씬 뛰어남을 인정하지 않을 수 없다.

상황이 이렇게까지 된 데는 역시 여러 가지 원인이 복합적으로 작동할 테지만, 최소한 다음 두 가지 사항은 분명히 짚고 넘어갈 필요가 있다. 하나는 우리 불교계나 불교학계 내부의 원인인 소통 능력 부재의 문제이고, 다른 하나는 영어권 불교 문헌의 가독성이 높을 수밖에 없는 급속한 서구화에 따른 서구적 사고방식의 보편화 문제이다.

우리 학교 교육은 개화기 이후 서구식 교과목 편제로 바뀌었다. 이를 통해 주로 가르쳐온 것은 서구적 합리성에 기반한 비판적 사고력과 경쟁 과정에서 자신의 이익을 잘 따지는 계산 능력이다. 그 목표가 다시 대학입시에 교육의 모든 것을 거는 비정상적인 교육열로 연결되면서, 그나마 긍정적으로 작용하는 비판적인 사고력마저 사라질 위기에 처해 있다. 그런 교육을 받은 우리가 전통을 오히려 낯설어 하고 서양인들의 외모나 사고방식을 높이 평가하면서, 그 전통을 외면하거나 천대하는 것은 당연한 귀결인지도 모른다.

현재 21세기 초반 한국사회는 자유주의와 자본주의로

상징되는 이러한 서구화와 세계화의 허와 실을 어느 정도 직시할 수 있게 되었다. 이제 전통에 대한 정당한 인식과 함께 세계화의 흐름에 대한 직시를 동시에 이루어내야만 한다는 당위적 요청이 교육 전반의 목표는 물론 각 개인의 삶의 영역으로 밀려오고 있다. 이 요청에 제대로 응하지 못할 경우, 우리 자신과 사회는 정처 없는 국제 미아의 신세를 면치 못할 것이다.

이 책은 미국 대학에서 정년을 맞이할 때까지 서양철학을 가르친 한 교수가 티베트 불교와 인연이 닿아, 인도 북동부 다르질링에 위치한 칼림퐁이라는 지역의 불교학교에 가게 된 이야기로 시작된다. 그곳에서 겔룩파의 달라이 라마와 함께 티베트 불교 전통의 한 축을 이루어온 카르마 카규파의 최고 스승인 트린리 타예 도르제 등에게 서양철학을 가르치는 과정과 결과를 진솔하고 상세하게 담아내고 있다. 바로 그 이유 때문에 우선 흥미롭다는 것이 이 책의 큰 장점이다. 물론 쉽기만 한 책은 결코 아니다.

저자는 티베트 승려에게 서양철학을 가르치는 방식으로, 핵심 물음을 던지는 방법을 택하고 있다. 소크라테스의 물음인 '덕을 가르칠 수 있는가'에서 시작해서 데카르트의 '생각하므로 존재하는가', 그리고 과학과 경험론의 유효성을 묻는 물음을 던진다. 그 후에는 불교적 순환적인 시간관과 대비시키며 서양의 직선적인 시간관을 다루면서, 마지막으로 동양과 서양이 어떻게 만날 수 있는지를 묻고 있다. 소크라테스 식 방법으로 알려진 철학함의 전형을 보여주는 저자의 능력과 진지함, 명료함 때문에 책 읽는 재미가 더하다.

영어로 된 이 책의 원본을 처음 접한 것은 추천자의 제자인 이철주 박사의 소개를 통해서였다. 소크라테스를 전공한 그가 불교 공부에 관심을 갖게 되면서 우연히 발견했다는 이 책을 보며, 소크라테스가 붓다에게 진리를 묻는 모습과 붓다가 소크라테스와 진솔한 대화를 나누는 장면이 겹치며 떠올랐다. 우리 삶 속에 이미 서양이 들어와 있는 상황 속에서 소크라테스는 낯선 사람이라고 할 수 없고, 붓다 또한 중심을 잡지 못한 채 우왕좌왕하고 있는 우리 전통의 중심축 중 하나를 차지하는 인물이다. 이 두 사람의 대화를 현재적 시점에서 상상해보는 것만으로도, 사유의 폭은 물론 삶의 영역 자체를 넓일 수 있는 좋은 계기가 될 수 있을 것으로 믿는다. 부디 널리 읽히는 책이 되기를 기원한다.

___ 박병기 (한국교원대학교 교수, 동양윤리교육학회장)

목차

감사의 글

샤마르(Shamar) 린포체에게 감사한다. 린포체의 초청이 없었다면 나는 인도 칼림퐁(Kalimpong)에 있는 불교대학에서 카르마파(Karmapa)를 만나지 못했을 것이고 그랬다면 이 일지도 없었을 것이다. 이 일지는 청년 카르마파와 나의 두 마음이 서로 동등한 위치에서 진심으로 대화한 것의 기록이므로 카르마파는 이 책의 공저자나 다름없다. 카르마파와 고무적인 시간을 함께 보내면서 나는 많은 것을 깨달았다. 그에게 진심으로 감사한다.

앞으로 드러날 우리의 여정에 가장 많은 도움을 주었고 지금도 주고 있는 에릭 커런, 사진과 현명한 의견들을 제공해준 자키 슈, 칼림퐁으로 가는 길을 친절하게 안내해준 데릭 행어에게 감사한다. 그리고 많은 호의를 베풀어준 불교대학의 켄포 서링 삼덥 학장을 비롯해, 가르치는 일의 기쁨을 느끼게 해준 하나같이 영민한 젊은 스님들과 나의 모든 편의를 봐준 직원들에게 감사한다.

이 책을 재판하는 데 디자인을 맡아준 애니 헥크먼, 원고 편집을 도와준 재클린 헥크먼과 필립 헥크먼에게도 감사의 마음을 전한다.

거의 압도적인 첫인상, 믿기 어려운 대비, 말 그대로 빈틈없는 인구 밀도, 그 초라함과 아름다움, 그 누추함과 장엄함, 그 소란과 고요…. 인도에 대한 책이라면 도입부에 이런 이야기가 거의 예외 없이 등장하고 이 책도 분명 예외는 아니다. 동서양의 만남을 논하는 이 책의 무대는 인도 북동부 웨스트 벵갈 주 다르질링 구역 칼림퐁이라는 소도시이다. 시킴 주 바로 아래, 우뚝 솟은 히말라야에 걸쳐있는 고산지대이다. 플로리다 남쪽과 같은 위도지만, 해발 약 1,300미터의 높은 히말라야 산마루에 걸터앉은 덕분에 칼림퐁은 온난한 기후를 보인다. 실리구리 기차역에서 칼림퐁으로 올라가면서 본 경관들은 풍성한 열대지방의 모습을 완벽하게 보여주었다. 고산 지대지만 바나나 나무, 야생 난초, 30미터도 더 되어 보이는 대나무가 즐비했고, 원숭이들은 운전자들이 버리곤 하는 쓰레기 속 먹을 것을 노리며 길가에서 거만하게 앉아 있었다. 이곳에서는 사람들이 오래오래 산다고 한다. 그렇다면 이곳이 바로 그 샹그릴라(지상낙원 - 옮긴이)?

그럴 리가! 소도시 칼림퐁은 우리 기준에서 보면 충격적이게 더러웠고, 도로는 군데군데 구멍이 파여 거칠기 짝이 없었다. 교통은 끊임없이 울리는 경적 소리와 더불어 거

대한 정체의 물결을 이루었다. 작고 허름한 가게들은 페인트칠 시기를 한참 전에 놓친 것 같았다. 수백 마리의 개들은 인간 존재에 철저하게 무관심했으며, 개들에게 무심하기는 인간도 마찬가지였다. 이 모두는 칼림퐁에 도착하자마자 보았던, 폭우가 쏟아지던 우기 때의 모습이었다. 그곳에 도착한 때는 시월이었는데, 우기는 그 몇 주 전에 이미 끝났어야 했다. 사랑스럽기 그지없는 첫인상은 분명 아니었다.

그런데 마침내 우기가 물러가고 그 소도시를 좀 더 알게 되자 풍경도 점차 변해갔다. 승용차와 트럭을 모는 사람들은 전문 운전자들이었다. 우리 미국인 운전자들은 모든 탈것과 보행자가 1미터 내에만 들어와도 불편함을 느끼지만, 여기 사람들은 10센티미터만 떨어져 있어도 편안하게 서로를 잘도 비켜간다. 접촉사고는 극히 드물고 도로 위에서 싸움이 붙었다는 말도 들어보지 못했다. 상당히 놀라웠고 익숙해지는 데 다소 시간이 걸렸다. 겉으로는 허름해 보일지라도 가게들의 내부는 깔끔했으며, 가게 주인들은 언제나 친절하게 도와줄(그리고 흥정할) 준비가 되어 있었다. 그러니까 칼림퐁은 그런 대로 잘 돌아가고 있었다. 정전이 자주 일어나지만 걱정하지 말라. 곧 또 들어오니까.

칼림퐁에 도착하기 사흘 전, 학교의 관리자인 파상이 밤늦은 시간 뉴델리 공항의 군중들 속에서 우리 일행을 찾아내주었다. 지구 반대편에 있는, 정신을 차릴 수 없게 복잡한 공항에서 도움을 받을 수 있는 친절한 사람을 만나는 것은 얼마나 기쁜 일인가! 파상은 우리를 카르마파 불교국제 기관으로 데리고 갔고 그곳에서 피곤에 찌든 몸을 쉴 수 있었다. 이튿날 파상은 델리 관광을 시켜주었고 기차표도 예매해주었다. 그리고 다음 날 우리를 기차역으로 안내했고 내친김에 좌석까지 찾아주었다. 게다가 우리가 스물네 시간 기차 여행 끝에 실리구리에 도착했을 때, 붉은 승복의 스님 두 분이 기차에서부터 우리의 짐을 들고 칼림퐁으로 이어지는 산길을 책임질 반짝이는 SUV로 안내했다. 이 모두 파상이 미리 연락을 해두었기 때문이었다.

에릭 커런과 나는 2004년 가을, 티베트 불교 카르마 카규파 내 최고 서열의 라마이자 영적 지도자인 샤마르 린포체의 초대로 칼림퐁에 가게 되었다. 에릭은 내가 교편을 잡고 있던 버지니아 주의 워싱턴 앤 리 대학에서 80년대 중반 내가 가르쳤던 학생이었다. 대학 졸업 후 에릭은 어바인의 캘리포니아 대학에서 영어 전공으로 박사 과정을 밟았다가 암울한 직업 시장으로 뛰어들었다. 체코슬로바키아에서의 자리를 포함해 몇 군데 교수 자리가 났지만, 업계로 진출할 때 전망이 더 밝다고 보았던 것이다. 후에 워싱턴에서 환경 문제와 관련해 로비 활동을 하기도 했다. 그러는 내내 에릭은 불교에 대한 관심을 키워갔고 그 결과 버지니아 주에 있는 '깨달음의 길을 위한 불교 센터(The Bodhi Path Buddhist

Center)'에서 몇 년에 걸친 은거에 들어가기로 했다. 그곳은 내가 사는 렉싱턴에서 남쪽으로 멀지 않은 곳으로, 우리는 그곳에서 약 20년 만에 다시 만났다.

그 센터는 샤마르 린포체가 1998년 창립한 기관이다. 샤마르 린포체는 주기적으로 그곳을 방문했는데 그러다 한 번은 우리 셋이 함께 대화를 나누게 되었다. 철학적 언급이 몇 번 오고간 후 샤마르 린포체는 아무 일 아니란 듯, "오! 제가 서양철학에 대한 식견이 많이 부족합니다. 우리 학교에 학승들은 더 말할 것도 없고요."라고 말했다. 그리고는 내 눈을 직시하며 이렇게 말했다. "인도로 오셔서 우리에게 서양철학을 좀 가르쳐주실 수는 없는지요?" 나는 대뜸 "언제라도요!"라고 말하며 그 제안을 받아들이고 싶었지만 아마도 약간은 무심한 듯, 하지만 긍정적으로 대답했을 것이다.

그것이 2003년 가을의 일이었다. 당시 나는 그해 학기가 끝나면 워싱턴 앤 리 대학에서의 42년 교직 생활을 마감할 예정이었다. 하지만 더 이상 학생들을 가르치지 않기로 한 것이 옳은 결정이었는지에 대해 벌써부터 회의하고 있던 터라 그의 제안은 나를 설레게 했다. '인도에서 스님들을 가르친다고?' 나는 대체 뭘 어떻게 가르쳐야 할지 몰랐지만 그것은 정말이지 끌리는 제안이었다.

이듬해 봄, 샤마르 린포체가 내가 아시아로 오기에 시

월이 가장 좋은 때인 것 같다고 했다. 게다가 샤마르 린포체는 에릭도 함께 와 다른 프로젝트들에서 자신을 도와주면 좋겠다고 했다. 에릭이 한마디 하기를 우리가 시월에 간다면 내가 여름 내내 불교를 공부해야 할 것이라고 했는데, 샤마르 린포체의 반응이 매우 흥미로웠다. "오! 아닙니다. 그러지 마세요. 학승들이 교수님께 맞추어야지 교수님이 학승들에게 맞추어서는 안 되지요." 그 여름 내내 불교에 천착하면서 나는 그의 말을 자주 곱씹곤 했다.

에릭이 함께 가게 되어서 매우 기뻤다. 나는 32년 전에 짧게 인도를 방문한 적이 있지만 에릭은 최근에 칼림퐁에 머무르기도 했기 때문에 최상의 안내자이자 친구가 될 터였다. 그 모든 계획에는 더 중요한 목적이 하나 있었다. 물론 나는 학승들을 가르치기로 되어 있었다. 하지만 모든 면에서 특출했던 한 스님, 즉 17대 걀와 카르마파인 트린리 타예 도르제 성하님을 특별지도하기로 되어 있었던 것이다. 당시 스무한 살의 트린리 타예 도르제는 인도와 그 주변의 네팔, 부탄, 티베트 같은 불교 중심 국가들뿐만 아니라 세계적인 무대에서도 카르마파로서 두각을 나타내기 위해 조금씩 준비를 해나가던 중이었다. 그에게 부과된 책임감은 막대했고 그는 부지런히 준비하고 있었다.

그의 선생이 되는 것은 쉽게 누릴 수 있는 특권이 아니었기에 그 점을 나는 진실로 큰 영광으로 생각했다. 그리고 곧 그 일로 나도 많은 것을 배울 수 있다는 사실을 알게 되었다. 이 젊은 카르마파는 정말이지 매우 지적이었다. 앞으로 보게 되겠지만 그는 불교라는 견고한 기반을 갖고 있고, 그렇기 때문에 마음이 열려 있으면서도 흔들림이 없었다. 게다가 그의 영어는 아주 유창했다. 나는 은퇴를 보상하는 이보다 더 좋은 기회는 상상조차 할 수 없었다.

당시의 내가 그랬듯 티베트 불교에 문외한인 독자들을 위해 약간의 설명을 덧붙이고자 한다. 티베트 불교에는 네 개의 주요 전통·종파가 있고 그 각각에 영적 지도자가 있다. 겔룩파의 지도자는 달라이 라마라고 부르고 겔룩파보다 오래된 카르마 카규파의 지도자는 카르마파라고 부른다. 그리고 그 외에 닝마파가 있고 사캬파가 있다. 교황이 개신교의 지도자가 아니듯 달라이 라마도 다른 전통의 지도자는 아니지만, 교황처럼 달라이 라마도 국제무대에서 티베트 불교를 가장 대표하는 인물이다.

젊은 카르마파는 카르마 카규파의 영적 지도자이지만, 주요 행정은 카르마파 다음 서열인 샤마르 린포체가 관장했다. 그는 전 세계에 흩어져 있는 수많은 불교 기관들을 관리했는데, 마치 아무 일도 아니란 듯 그 모든 일을 대단히 효율적으로 게다가 훌륭한 유머 감각까지 발휘하며 해냈다. 1981년, 16대 카르마파가 입적하자 환생한 카르마파를 알아보아야 하는 사명이 최고 서열 라마인 샤마르 린포체에게 떨어졌고, 그는 그 일을 해냈다. 그는 1994년 당시 열한 살이었던 트린리 타예 도르제, 그 어린 카르마파를 찾아냈다. 그리고 카르마 카규파의 복잡한 행정을 처리하는 일과 동시에 어린 카르마파의 교육까지 관장했다.

그런데 심각한 논란이 있었다. 티베트 내 중국 정부를 등에 업고 전통적인 수순을 무시하며 활동하던 서열 3위의 시투 린포체가 우르기엔 트린리를 17대 카르마파로 인정했던 것이다. 그런데 다른 종파인 겔룩파의 지도자 달라이 라마가 중국과의 관계 개선을 위해서였는지 시투 린포체가 인정한 카르마파 후계자를 지지했다. 이후 달라이 라마의 막대한 명망 덕분에 우르기엔 트린리가 미디어에서 두각을 나타내기 시작했다. 우르기엔에게 호의적으로 결론을 내리거나 그의 우선권을 가정하는 책이 여러 권 출판되었다.

이에 에릭 커런은 학자적인 합리성과 꼼꼼함으로 그의 책 『부처님은 웃고 있지 않다: 현대 티베트 불교 심장부의 부패에 대한 폭로(Buddha's Not Smiling: Uncovering Corruption at the Heart of Tibetan Buddhism Today)』를 써서 이 사건을 둘러싼 복잡한 문제들을 파헤쳤다. 불행히도 이 논란은 계속되고 있지만 너무 늦지 않은 때 불교적인 방식으로 평화롭게 문제가 해결될 것이라고 전망하는 사람들도 있다. 젊은 카르마파는 놀랍게도 이 모든 일에 평정심을 잃지 않고 있는 그대로 받아들이고 있다. 나의 관심은 철저하게 교육과 철학에 국한되었기 때문에, 이런 복잡한 문제는 논외로 치부되었고 따라서 우리의 토론에도 전혀 등장하지 않았다.

샤마르 린포체가 학교 근처에 에릭과 나를 위해 작은 집을 하나 마련해 주었다. 우리가 그 집으로 들어가던 날 젊은 남자 한 명이 우리를 도왔는데, 그는 자신이 우리를 위한 요리사라고 했다. 그 젊은 요리사, 다와는 부탄 출신으로 카르마파의 부모님을 위해서 일해 왔다. 그 부모님이 당분간 집을 떠나 있었으므로 우리에게로 보내진 것이다. 그는 곁에 두면 기분이 좋아지는 심성이 매우 고운 젊은이로 음식 맛도 훌륭했다. 칼림퐁에서 우리는 융숭한 대접을 받았다.

그 이튿날 카르마파를 만나야 할 시간에 잠시 비가 그쳤다. 다와는 스카프처럼 얇은 하얀색과 노란색 비단포 두 개를 우리에게 주며 예에 따라 카르마파를 만나는 법을 보여주었다. 흐릿한 아침 햇살 사이로 히말라야 산마루들을 처음으로 보면서, 다와를 따라 학교 옆에 있는 카르마파의 관저로 내려갔다. 거기서 우리는 카르마파의 비서인, 부탄 출신의 매우 기분 좋고 날렵한 젊은이, 카르마 뎅을 만났다. 카르마 뎅은 소박하지만 편안한 대기실로 우리를 안내했다. 거기서 다와와 노스님 한 분이 그 비단포 두 개를 조심스럽게 말아서 우리에게 주었다.

몇 분 후, 카르마 뎅이 우리를 다른 방 앞으로 안내했는데 그곳에서는 신발을 벗어야 했다. 우리는 그 방으로 들어가 성하님께 인사를 드렸다. 성하님은 미국에서 흔히 쓰는 솜을 넣고 천으로 감싼 의자보다는 약간 넓은 감색 의자에 앉아 있었다. 우리를 바라보며 기분 좋고 다정한 미소를 지었는데 우리 미국인들로 인해 약간 어리벙벙해진 것도 같았다. 우리는 서로 간단한 인사를 나누었고 에릭과 내가 그 말려져 있던 비단포를 올렸다. 그가 부드러운 미소와 제스처로 자신이 의례에 그다지 까다로운 사람은 아님을 보여주었기 때문에 나는 약간 머쓱해졌다. 그는 비단포를 잡고 축복을 내린 다음, 그것들을 다시 풀어헤쳐 고개를 숙인 우리의 목에 걸어주었다. 그리고 우리 둘에게 작고 붉은 리본을 하나씩 주었다. 우리에게 일어날 수도 있는 모든 위험으로부터 우리를 보호한다는 의미의 리본이었다. 의례에 관해서라면 그 정도가 끝이었다.

우리는 방석 위에 앉았고 잠시 날씨에 대한 이야기를 주고받았다(그는 우기가 길어진 것이 지구온난화 때문이 아닌지 궁금해 했다). 그리고 에릭과 나는 우리가 이곳에 오게 된 이유를 간단히 설명했고, 그는 우리를 만나게 되어서 기쁘다고 했다. 그의 영어는 완벽했고 부드러웠다. 짧은 침묵의 순간이 오자 알현이 끝난 것으로 여기고, 정중하게 인사를 드리고 그 방을 나왔다.

카르마파 관저를 나왔을 때 우리 둘은 그가 참으로 성숙하고 자신감 있는 청년으로 자랐음에 동의했다. 그의 열여덟 살 생일 파티를 찍은 DVD를 본 적이 있는데, 그때의 그는 소년들이 그렇듯 준수하고 활발하고 잘 웃고 귀여우며 건강한 혈색을 가진 십대 소년이었다. 그런데 이제 스물한 살이 된 그는 남자답고 강해 보였으며, 움직임이 자연스러우면서도 절도가 있었다. 게다가 그는 분명 명석했으며 우리의 관계에 호의적이었다. 나에게는 그 점이 더 중요했다.

카르마 뎅은 다시 우리를 바로 옆에 있는 고급 과정의 불교 연구를 위한 기관(Institute for Advanced Buddhist Studies), 즉 승가대학·쉐드라(Shedra: 티베트어로 배움의 장소나 교육 프로그램을 뜻한다 – 옮긴이)로 안내했다. 그곳에서 우리는 켄포 서링 삼덥 학장을 만났다. 켄포 서링은 샤마르 린포체처럼, 복잡한 기관의 관리를 마치 아무 일도 아니란 듯 훌륭히 수행해 나가는 또 한 명의 세상에서 가장 유쾌한 남자였다. 그는 우리를 열렬히 환영하며 학교 곳곳을 보여주었다.

보통 60대 정도의 스님들은 1층에서 생활했고, 교실은 2층에 있었으며, 3층에는 아름다운 사당이 있었다. 그 동안 내가 보아왔던 사당들은 매우 강렬한 색들로 치장되어 있어 꺼려지는 느낌이 있었다. 하지만 샤마르 린포체가 디자인한 그 사당은 부드럽고 기분 좋은 파스텔 톤이어서 들어가고 싶은 마음이 저절로 들었다. 그 건물 주변으로 뜰이 있었고 그 너머에 식당과 스님들이 기거하는 요사채가 있었다. 그곳 스님들의 세계는 자족감이 느껴지는 기분 좋은 곳이었다. 사원이지만 편안한 미소가 있었다.

켄포 서링은 주5일 오후 두 시에 시작되는 5주짜리 강의 계획을 세워놓았다. 강의가 끝나면 카르마파와 한 시간 정도 따로 만나게 되어 있었다. 켄포는 약 서른 분의 스님이 참여할 것이라고 예상했다. 하지만 첫 한두 시간 수업을 들은 스님들 중에, 어학적인 면에서나 수업 내용 면에서나 계속 해볼 만하다고 느낀 스님은 일곱 명뿐이었다. 에릭이 자진해서 수업을 따라가지 못하는 스님들과 영어 회화 수업을 시작했다. 모든 일이 순조로웠다.

켄포는 인정 많은 사람으로 우리가 머무는 내내 편의를 최대한 봐주었다. 교실의 칠판이 너무 낡아서 에릭이 새 화이트보드를 사서 기증하겠다고 했는데, 그 즉시 켄포는 새 화이트보드 두 개를 조달했고 우리의 돈은 한사코 사양했다.

그 얼마 후 토론 시간에 성하님이 거의 아무런 준비 단계를 거치지 않고 동굴 같은 곳에서 곧바로 명상에 들어가는 다른 전통의 수행자들과 달리, 티베트 불교에서는 준비 과정이 매우 길다고 했다. 먼저 쉐드라에서 불교 경전을 집중적으로 공부한다. 그 다음 그렇게 배운 것들을 흡수하고 숙고한다. 그리고 마지막으로 명상에 들어간다. 카르마파는 쉐드라에 있는 스님들은 대부분 그 첫 단계에 있는 것이라고 했다. 성하님은 자주 자신이 아직 학생에 지나지 않는다고 말하곤 했다.

나는 교육을 잘 받은 스님들에게 5주 동안 서양철학개론을 가르쳐야 했다. 잘 준비된 미국의 학생들에게 철학개론을 가르치는 것도 내 경험에 따르면 만만찮은 일이다. 하지만 미국에서는 최소한 언어적인 문제는 없고 학생들이 고등학교에서 어느 정도 배우고 오는 수학, 서양사, 문학, 과학 같은 서양문화의 구성요소들에 의지할 수 있으므로 강의진행을 어떻게 해야 하는지 어느 정도는 알 수 있다. 칼림퐁에서는 카르마파와의 만남을 제외하면 언어가 정말이지 골칫거리였다. 이른바 모든 학생이 아는 개념이 무엇인지를 내가 알 수 없었으므로 배경 지식에 의지할 수도 없었다. 스님들은 서양사는 물론 서양사에서 중요한 인물들도 사실상 전혀 몰랐다. 내가 바랐던 적극적인 토론을 동반하는 철학적인 노력과 그 노력을 만들어내는 데 필요한 소크라테스적인 교수법도 그들에게는 매우 생소한 개념들이라, 내가 그들에게 조금이라도 도움이 되었는지에 관해서라면 나는 지금도 전혀 확신이 서지 않는다.

1971년 나는 홍콩중문대학 충지 캠퍼스(Chung Chi College)에서 잠시 가르쳤는데 그곳에서는 미국에서 그렇듯 언어적인 문제는 전혀 없었다. 하지만 영국식 교육을 받은 학생들도 일부 있었음에도 그들의 성장 배경인 유교 문화 자체가 나에게는 문제였다. 세미나에는 열두 명의 학생이 있었지만, 아무리 노력해도 미국 대학에서 흔히 볼 수 있는 토론 중심 수업 방식은 전개되지 않았다. 듣자하니 그들은 스승이라면 그가 대좌(臺座)에 앉아 있기라도 한 듯 존경해야 한다고 배웠고, 따라서 개인적인 생각의 표현은 자제하고 스승이 해야 하는 말을 열심히 흡수하기만 해야 한다는 것이었다.

한번은 한 학생이 세미나에서 자신의 생각을 밝혔는데, 나중에 다른 여학생이 그 학생을 질책했다고 한다. 그 질책한 여학생은 "우리가 여기 온 것은 네가 아니라 선생님의 말씀을 듣기 위해서야."라고 했다고 한다. 수업이 끝나고 식당에서 몇몇 학생들과 둥근 식탁에 둘러앉아 나눈 이야기는 활기찼고 유쾌했으므로 나는 이제 됐다고 생각했다. 하지만 다음 수업 내내 그들은 또 다시 내가 하는 말을 기록하려고 연필만 꼭 쥔 채 조용히 앉아 있었다. 나는 칼림퐁에서도 유사한 장벽을 예상했었다. 그리고 방금 말했듯이 그 예상 그대로였다.

문제는 더 있었다. 나는 서양철학을 소개할 예정이었지만, 그들이 그렇게나 맹렬하게 공부하던 불교적인 사고를 바꿀 생각은 전혀 없었다. 그보다는 서양적 사고의 다른 점과 장점을 드러내는 것으로, 그들로 하여금 그들만의 불교적인 사고방식을 심지어 더 분명하게 보게 하고 싶었다.

이는 나중에 그 스님들이 스승이 되고 서양에서 할 일을 갖게 될 때에도 도움이 될 터였다. 적어도 카르마파는 서구 사회와 점점 더 많이 교류할 예정이었다.

그 반대도 마찬가지다. 칼림퐁에서의 체류 후 나는 서구식 사고방식을 불교와 비교하면서 훨씬 더 분명히 보게 되었다. 이 책에서 앞으로 나올 내용에서도 그런 대조가 주요 주제이다. 하지만 우리는 여기서 그런 대조를 떠나 철학적 노력의 전반적인 목적에 대한 당황스러운 질문들도 제기할 수밖에 없다. 도대체 왜 철학적인 질문들을 해야 하는 걸까? 혹은 철학 전공 학생들이 모두 종종 듣는 "철학으로 과연 무엇을 할 수 있을까?" "철학이 당신에게 무엇을 해줄 수 있나요?" 같은 질문에, 농담처럼 산뜻하게 응수하며 끝내는 것도 좋지만 이런 질문은 그 어떤 매우 진지한 숙고를 부르기도 한다.

불교에 대해 똑같은 질문을 받는 불교도는 "붓다가 고통에서 벗어나는 법을 알려주고 당신을 궁극적 평화와 행복으로 이끈다"라고 매우 간단히 대답할 수 있다. 종교이면서 철학이기도 한 불교는 우리에게 삶을 살아갈 방법을 말해준다. 반대로 서양철학은 점점 더 학문적 분야에 국한되는 것 같고 학계에 남고 싶은 학생들을 유혹하기에는 괜찮은 것 같지만(혹은 "철학이 당신에게 무엇을 해줄 수 있나요?"라는 애초의 질문에 대한 답으로써 법대에 들어가기 위한 발판으로는 좋은 분야), 삶과 죽음에 대한 우리가 당면한 불가피한 질문들은 종교의 관할로 넘어가버렸다. 혹은 운명적인 것으로 치부된다. 심지어 윤리학 수업에서조차 관련 개념들을 정리만 할 뿐 삶을 살아가는 방법은 보여주지 않는다. 혹은 보여줄 마음조차 없다. 학부의 어느 윤리학 수업에서 캠브리지에서 막 건너온 방문교수가 수업을 시작하며 했던 말이 생각난다. "도덕 철학은 인간의 행동양식과는 아무 상관이 없습니다."

그렇다면 도대체 무엇과 상관이 있단 말인가? 소크라테스, 플라톤, 아리스토텔레스를 위시한 헬레니즘 철학자들은 철학적인 삶이 왜 훌륭한 삶이 되는지를 분명히 밝혀주었건만, 현대의 철학은 기꺼이 상아탑 속에 갇힌 채 기껏 개념 정리만 하고 있다. 그런 개념들을 어떻게 최대한 잘 활용하느냐는 이제 학생들이 스스로 알아내야 할 문제이다. 불교와 비교하면, 특히 불교가 곧 삶인 사원에서의 불교와 비교하면 철학의 그런 학문적 얽매임은 더욱 뚜렷해진다.

하지만 서구식 교육 방식의 강점도 인식할 필요가 있다. 철학이 대학에서 많은 학과 중에 하나일 뿐이지만, 대학이라는 교육 기관의 더 넓은 맥락에서 보면 교육의 전반적인 효과는 넓은 의미에서 철학적이다. 여기서 철학적이라 함은 서구적 형태의 철학적임을 뜻한다. 삶의 문제와 고난에 직면한 우리는 우리가 답을 다 알지 못한다는 것을 알게되었다. 그럼에도 앞으로 나아가기 위한 최선의 방법을 찾으려면 잘 훈련된 강한 이성과 기회를 볼 수 있는 열린 마음에 의지해야 한다는 것을 깨달았다. 삶을 위한 그런 기반들이야말로 정확하게 우리가 자유주의 교육으로 학생들에게 제공하고 싶은 것들이다.

학생들은 철학만이 아니라 수학, 문학, 역사, 과학, 예술 수업을 듣는다. 그 최종 효과는 발달한 지성과 드넓어진 비전이 될 것이다. 학생들은 지능적인 문제들을 더 날카롭게 알아챌 것이고 그 문제들을 해결하기 위한 지성도 계발할 것이다. 요컨대 학생들은 삶을 위한 철학적 기반들을 획득하는 것이다. 철학은 계속되는 시도이다. 혹은 그리스 철학자들이 말했듯이 지혜를 사랑하는 것, 더 구체적으로는 지적 명료함을 사랑하는 것이다. 그리고 바로 그런 지혜의 추구와 지혜로의 헌신이 바로 훌륭한 삶의 기반인 것이다. 혹은 주요 그리스 사상가들에 따르면 바로 그런 지혜의 추구와 지혜로의 헌신이 곧 훌륭한 삶이 되는 것이다.

이쯤 되면 흐뭇해 하고 있을 소크라테스의 망령이 눈에 보이는 듯하다. 그에게 지혜란 "아무것도 모른다는 것을 아는 것"이었고 따라서 신중히 질문하는 것이 최선임을 아는 것이었으니까 말이다. 그리스 방식으로 좀 더 극적으로 말하면, 무지한 우리가 삶 속으로 내팽겨졌으니, 우리는 질문해야 한다는 사실을 받아들여야 한다. 우리의 운명이 그렇다. 서양의 고등교육기관에는 문제를 자각하고 제대로 조사하고 신중한 혁신을 부르는 일이 모든 일의 중심이다. 요컨대 격렬한 지적 활동을 끊임없이 하는 것이다.

그렇다면 앞에서 말한, 학생들이 스스로 배워야 한다는 말은 긍정적으로 해석될 수 있다. 발달한 이성과 열린 마음을 가진 학생은 진정 자신의 삶을 스스로 꾸려나갈 수 있기 때문이다. 앞으로 서양의 독자에게는 더할 나위 없이 익숙해서 설명할 필요조차 없는 이 서구식 교육방식이 동양의 방식과 비교될 때 어떻게 더 분명해지는지 보게 될 것이다.

수세기에 걸쳐 많은 사람이 영적 추구를 위해 인도로 떠났고 그곳의 문화와 종교와 철학에 매료되었다. 하지만 나의 경우는 그 양상이 좀 다르다. 나는 몇몇 불교도에게 또 다른 사고방식이 있음을 보여주려 그곳으로 간 것이다. 그런 시도를 하면서 내가 그 먼 인도에서 얻게 된 다른 것들은 기본적으로 부차적이었다. 그렇다고 해도 궁금함을 많이 느꼈던 풍성하고도 보람찬 경험이었다. 이 궁금함에 대해서는 뒤에 좀 더 살피게 될 것이다.

칼림퐁에 있는 사원으로의 여정을 예상하면서, 그곳에 체류하는 동안 학생들보다 내가 더 많이 배우게 되기 쉽다고 생각했다. 학자들 사이의 공공연한 비밀이 그렇다. 교수들은 강의에서 관념들을 분명히 밝히고 학생들의 질문에 대답하는 것으로 그 주제를 점점 더 분명히 보게 된다. 보통 그렇게 된다. 칼림퐁의 학교에서는 말하자면 내가 '훨씬' 더 많이 배우는 쪽이었다. 수업은 보통 내가 서양의 입장을 말하는 것이었으므로, 그 수업 후 성하님과의 토론시간이 오면 나는 해당 주제에 대한 불교적인 관점을 더 많이 듣고 싶었다. 스승과 제자의 역할 구분이 매우 바람직한 방식으로 흐려졌던 것이다. 앞으로 나올 내용에서 이 점이 더욱더 분명해지기 바란다.

나는 소크라테스를 소개하는 것이 가장 적당한 시작이 될 것이라고 생각했다. 소크라테스가 기술 좋은 소피스트들에게 현혹되어 있던 대부분의 아테네 청년들에게 그랬던 것처럼, 스님들의 마음도 사로잡을 수 있는지 보고 싶었던 것이다. 그렇다면 분명 플라톤의 『메논(Mono)』이 첫 교재로 적절할 터였다. 다음으로 나는 『국가(Republic)』의 주요 부분을 살펴보는 것으로 플라톤의 입장을 개괄할 생각이었다. 그 다음에는 현대철학으로 훌쩍 건너뛰어 데카르트를 살펴보고, 나아가 현대과학을 지나 불교적 사고와 비슷하다는 흄을 살펴볼 계획이었다. 에릭이 역사를 무시하는 인도인들의 흥미로운 사고방식도 다뤄줄 것을 촉구했으므로, 나는 약간의 두려움을 안고 헤겔과 마르크스도 살펴보기로 했다. 마지막에는 서양철학이, 더 구체적으로는 서양철학의 일관적인 성격이 동양적 사고에 열릴 가능성이 과연 있는지를 중점적으로 살펴보고 싶었다. 일반 독자들도 상당히 쉽게 이해할 수 있는 제안으로 하이데거가 그 가능성을 열어주었으므로 하이데거도 포함시켰다.

에릭의 친구이자 전문 사진가인 자키 슈가 학기 중간에 합류해, 카르마파와 스님들을 촬영했고 그들과 어울리는 우리도 촬영해 주었다. 칼림퐁에서의 일정을 끝냈을 때 우리 셋은 보드가야로 향했다. 그곳에서 다른 많은 성지순례자들처럼 우리도 '그 나무' 아래 앉아보았다. 2,500여 년 전 붓다가 앉아서 깨달음을 얻었다는 나무가 죽지 않고 이어져 자란 나무였다. 약 200년 된 그 나무는 마하보디 사원 탑 바로 옆 서쪽에 위치했다. 나무의 몸통은 화려하게 장식된 돌담으로 둘러싸여 있고 가지와 이파리들은 넓게 펼쳐져 있었다. 그 주위에 크게 울타리가 쳐져 있어 순례자들은 그 울타리 안에 앉을 수 있었다. 정갈하고 평화로운 곳이었다. 샤프란(짙은 황색) 색 승복을 입은 태국 스님들이 줄지어 앉아 조용히 염불을 외고 있었고, 어떤 사람은 두 걸음 옮길 때마다 절을 하며 사원 전체를 돌았다. 눈이 초롱초롱한 아이들이 사원 여기저기를 시끄럽지 않을 정도로 뛰어다녔다. 우리는 그곳에서 한 동안 조용히 앉아 있었다. 그때 그럴 만한 계절이 아니었음에도 이파리 하나가 내 바로 앞에 떨어졌다. 나는 그 이파리를 주워들었다. 간직할까 말까 하다가 좋은 징조로 삼고 갖고 왔다.

1장

덕은 가르칠 수 있나?

젊은 교수가 첫 수업에서 느낄 만한 흥분이 수십 년을 가르치다 보니 사라졌다가, 지구 반대편인 칼림퐁에서 다시 샘솟았다. 학생들은 매우 짧게 깎은 머리에 붉은 승복을 입은, 얼굴에는 미소가 가시지 않는 스님들이었다. 나는 비아시아인에 백발이었다. 그들에게는 배우기는 했지만 원어민에게서는 거의 들어보지 못한 언어를 구사하는, 이를 테면 약간 기이한 사람이었다. 그런 흥분과 기이함에도 불구하고 다행히도 진심어린 우호와 존경을 느낄 수 있었기 때문에, 나는 젊은 교수처럼 흥분했음에도 계획했던 강의 소개말을 상당히 편하게 할 수 있었다.

칼림퐁에서의 수업을 통해 정리하고 싶었던 대주제가 두 개 있었다. 그 첫째는 교육학적이라고 할 만하다. 강의의 시작으로 세상에서 가장 유명한 두 스승인 붓다와 소크라테스를 살펴볼 예정이었기 때문이다. 이 유명한 두 스승은 무지를 다루는 것으로 시작해(그들 제자들의 일반적인 생각들이 무지했으므로 여기서 무지란 곧 제자들의 일반적인 견해를 뜻하기도 한다), 특정 기술을 이용하면서 제자들을 더 높고 더 깊은 통찰과 이해로 이끌었다. 그런데 이들의 그런 교수법을 조금만 살펴보아도 동서양의 대단한 차이점이 보이고, 그 차이점이 바로 내가 정리하고 싶었던 우리의 첫 번째 주제이다.

일반적으로 전통 서양철학은 엄정한 이성의 능력을 발휘하는 것으로 지적인 명료함을 얻으려 한다. 반면 전통 동양사상은 적절한 수행과 명상을 통해 깨달음을 얻으려 한다. 나는 이런 대조를 결론이 열려 있는 하나의 진행형 가설로 내세우려 한다. 이 가설이 우리가 살펴보고 싶은 많은 생각과 문제들을 정리하는 데 분명 도움이 될 테지만, 사실 이 계획은 많은 연구와 나아가 검증과 수정 작업을 필요로 한다. 바로 여기 시작점에서부터 우리는 이런 가설을 내세우는 것 자체가 하나의 지적인 명료함을 위한 서양적 시도임을 인정할 수밖에 없다. 그렇지 않나? 그러므로 토론을 하는 동안 "어떤 관점에서 동서양의 사고 형태를 비교할 수 있을까?"라는 질문을 계속 염두에 두도록 하자.

내가 탐구하고자 했던 두 번째 주제는 시간의 성질에 관한 것이다. 간단히 말해 서구의 우리는 직선적인 시간을 당연하게 생각하는 반면 불교도들은 순환적인 시간을 당연하게 생각한다.

다시 첫 번째 주제로 돌아가 사람들이 흥미롭다고 생각하는, 붓다와 소크라테스의 주장을 하나 살펴보는 것으로 좀 더 깊이 들어가 보자. 붓다와 소크라테스 둘 다 그들의 추종자 혹은 제자들 속에 이미 존재하는 것을 전면으로 불러내려는 시도가 곧 교육이라고 말했다. 소크라테스는 지식이란 기억해내는 것이지 정보를 많이 모은다고 생겨나는 것이 아니라고 했다. 실제로 그의 교수법은 단순한 의견에서 이성에 의해 지성으로 인식될 수 있는 것으로 나아가게 하는 것이었다. 유사하게 붓다도 우리가 일상에서 희미하게 만들어버린, 진정한 정신의 영원한 불빛 속으로 돌아가는 법을 보여주려 했다.

대화편 『테아이테투스』에서 플라톤은 소크라테스로 하여금 가르침에 대한 일반적인 견해, 즉 우리의 정신을 새장처럼 보는 견해를 조롱하게 한다. 우리의 정신이 새장 같을 때 스승은 새장에 새들을 마구 집어넣듯 지식의 조각들을 끼워 넣기만 한다. 붓다와 소크라테스는 우리에게 우리의 진정한 본성, 즉 늘 그곳에 있어왔던 깊은 수준의 우리 그 자체를 호소한다. 둘은 지식의 조각들을 추가하기보다, 진정한 우리 자신을 엄폐하고 방해하는 것들을 떨쳐버리려 한다.

그런데 이런 유사함은 그 즉시 하나의 차이점을 드러낸다(앞으로도 거듭 이렇게 유사함이 차이점으로 이어질 것이다). 붓다가 말하는 우리 정신의 진정한 본성은 소크라테스가 말하는 그것과 급진적으로 다르기 때문이다.

이 점은 두 번째 수업에서 첫 강독으로 살펴보았던 플라톤의 『메논』과 직접적으로 연결된다.[1] 이 대화편에서 메논은 으스대며 소크라테스에게 가서 "덕을 가르칠 수 있느냐?"고 묻는다. 평소보다 더 신랄해진 소크라테스는 "덕이 무엇인지조차 모르기 때문에 잘 모르겠으니 당신이 나에게 덕이 무엇인지 말해달라"고 한다. 여기에서 그 문제의 단어

'아레테(arete)'가 등장한다. 보통 '덕(virtue)'으로 번역되는 아레테는 때로 '탁월함(excellence)'으로 번역되기도 하는데, 나는 이 단어로 그리스인들이 의미했던 것을 알려주면서 이 대화편을 시작하고 싶었다.

나는 칼의 비유를 들었다. 그냥 최소한 버터라도 자를 수 있는 칼날이 있는 보통 칼이다. 하지만 잘 자르려면 칼은 그것만의 덕인 날카로움이 필요하다. 날카로움은 칼이 잘 기능하게 하는 조건이다. 카르마파는 즉시 이해했고 다른 스님들은 이맛살을 찌푸리며 어리둥절해 했다. 몇 가지 예를 더 들어주자 스님들도 덕이란 잘 작동하기 위한 조건이고, 인간에 관해서라면 그런 덕을 갖고 있을 때 잘 살 수 있음(예를 들어 행복함)을 이해했다. 운동선수가 경기에서 잘 겨루기 위해 몸 상태를 좋게 만들어야 하는 것처럼, 잘 살려면 인간 존재의 전체 중에서도 정신이 좋은 조건 안에 있어야 한다. 그렇다면 어떤 조건을 만들어야 할까? 소크라테스가 말하려던 것이 바로 그 우리가 만들어야 하는 조건이다.

그때 카르마파가 "더 정확히 말하면 이기적인(selfish) 쪽 아닌가요?"라고 물었다. 나는 그 질문을 플라톤의 사상을 더 자세히 설명할 기회라고 생각했다. 그래서 "덕이 많은 사람은 이기적이지 않고 공동체 내 모두를 위해 좋은 일에 집중한다. 덕이 많은 사람이 공동체에서 그 역할을 하는 일이 필요하다."는 다소 성급한 요약으로 답을 내려주었다.

카르마파는 그 대답에 만족하는 것 같지 않았지만 이의를 제기하지는 않았다. 나는 나중에 그와의 개별 토론 시간이 되어서야 내가 질문의 요지를 놓쳤음을 깨달았다.

그가 얘기한 이기적이라는 말은 사리사욕에만 급급하다는 의미가 아니었다. 세속적인 문제와 개인적인 에고에 과하게 갇힌 나머지, 모든 의식 존재의 진정한 본성으로 인식되는 비개인적인 불성의 상태(혹은 지혜와 자비가 합일된 상태로부터 유리된 상태)를 뜻했던 것이다. 이런 관점에서 보면, 확고하게 자아가 실재한다고 생각하는 모든 집착은 이기적이다. 개인적인 에고에 대단히 집중하면서 우리는 진정한 자아를 모호하게 만들었다. 그런 관점에서 보면 그리스 말 아레테는 비록 사회적 자각과 관계한다고 해도 개인적인 덕에 집중하는 것처럼 보인다.

불교적 의미에서 보면 인간이 가질 수 있는 최고의 덕, 즉 인간이 들어가 살 수 있는 최고의 조건은 해탈이 될 것이다. 덕이란 잘 기능하기 위한 조건이라는 그리스적 개념도 여전히 의미심장하지만, 불교도가 봤을 때 그 조건이란 이를테면 불성 혹은 무아(selfless)이다. 그렇기 때문에 덕에 대한 그리스적 해석은 불교의 그것과는 급진적으로 다른 것이 된다. 그렇다면 카르마파의 질문은 매우 정곡을 찌르는 것이었다.

상당히 많은 스님이 참가했던 첫 수업 후 일곱 명의 스님만이 계속 들을 정도의 어학 능력이 된다고 생각했기 때문에, 우리는 더 작은 교실로 옮겨갔다. 그 작은 교실에는 의자가 나를 위한 하나밖에 없었고, 스님들은 바닥에 깔려 있던 멋진 무늬로 장식된 오리엔탈 풍의 러그 위에 앉았다. 그런데 카르마파가 도착하기 전에 스님 두 분이 서둘러 카르마파를 위한 의자를 하나 더 마련했다. 카르마파는 그 의자에 앉기는 했지만 세 번째 수업부터는 다른 스님들과 함께 러그 위에 앉았다. 그런 사실을 전해들은 샤마르 린포체는 "잘하셨군, 잘하셨어."라고 했다.

그 후 카르마파가 아파서 결석한 수업에서 스님들의 참여를 좀 더 끌어내고 싶어, 나도 모르게 그들 가까이 다가가 러그에 주저앉았는데 모두 웃음을 터뜨렸다. 내 모양새가 우스꽝스러웠기 때문에 모두 참을 수가 없었던 것이다. 그래서 나는 다시 의자에 앉았고 그들은 내 발 밑에 앉았다. 내 방식과 맞지 않은 모양새였다! 결국 나는 큰 강의실에서처럼 칠판 옆에 서서 내가 그려놓은 도표에 대해 스님들이 질문을 좀 하기를 바랐다. 아무 반응이 없었다. 나는 아무 질문도 하지 않던 홍콩에서의 그 중국 학생들을 떠올렸다. 그 중에 한 명의 설명에 따르면, 질문은 제대로 가르치지 못하는 무능한 선생에게나 하는 법이라 질문이 곧 무례인 것이다. 스님들도 선생과 학생의 관계에 대해 그렇게 생각하고 있었다.

소크라테스와의 대화에서 메논이 보여준 치기를 스님들에게서도 어떻게든 끄집어내 보려고 나는 주말 동안 갖고 놀 간단한 기하학 퀴즈를 하나 내주었다.『메논』대화편의 중요한 부분에서 소크라테스는 메논에게 자신이 어떻게 가르치는지 보여주기 위해, 메논의 노예 한 명에게 기하학 문제를 하나 낸다. 나는 내가 내준 그 간단한 기하학 퀴즈로 스님들이 메논이 놓쳤던 소크라테스의 요지를 알아채기 바랐다. "똑같은 길이의 성냥개비 여섯 개로, 모든 변이 그 성냥개비의 길이와 똑같은 정삼각형 네 개를 만들어라"가 그 퀴즈였다. 나는 종이에 그림을 그려도 좋다고 했다. 내 경험상 스물다섯 명이 듣는 수업에서 약 두세 명만이 문제를 풀었다. 따라서 그 일곱 명의 학생들 중에는 한 명만이 그 문제를 풀 것으로 예상했다.

성하님은 그 다음 시간에 성냥개비로 만든 완성된 형상을 들고 나타났다. 내가 그 퀴즈를 내자마자 마음속으로 어떻게 풀까 그림을 그려보았다고 했다. 성하님이 어린아이였을 때 남동생의 꽤 정교한 장난감을 고치며 놀곤 했다는 이야기를 들은 적이 있었기 때문에 나는 그다지 놀라지 않았다. 그의 집안일을 봐주는 사람으로부터 컴퓨터가 고장 나면 그가 직접 분해해서 고친다는 말도 들었다. 그는 공간 배치에 대한 이해력이 좋음에 틀림없다. 나는 카르마파에게 만들어온 모형을 숨기고, 소크라테스 역할을 맡아 문제를 풀지 못한 스님 한 명을 가르쳐 보라고 했다.

이는 『메논』에서 플라톤이 이미 보여준 모델이다. 소크라테스는 모래 위에 한 변이 2라서 넓이가 4인 정사각형을 하나 그리고, 메논의 노예 소년에게 "그 정사각형을 넓이가 4인 두 배의 정사각형으로 만들려면 어떻게 해야 하느냐?"고 물었다. 이 과정에 소크라테스가 얼마나 교묘한지 보기 바란다. 넓이가 4인 정사각형을 말하면서 소크라테스는 "자! 이제 각 변이 얼마여야 할까 생각하고 말해 보게나. 이 정사각형의 한 변의 길이는 2피트라네. 넓이가 두 배인 다른 정사각형의 한 변의 길이는 얼마여야 하지?" 소년은 즉시 한 변의 길이가 그 두 배인 4피트면 되겠다고 말했지만, 소크라테스가 그 소년이 말한 대로 한 변이 4피트인 정사각형을 그렸을 때 소년은 넓이가 16인 정사각형이 만들어졌음을 볼 수 있었다. 소년은 한 변이 3피트면 되겠다고 다시 말했지만 다시 넓이가 9인 정사각형이 만들어졌다.

소년은 당황했고 좌절했다. 그리스 말로 아포리아〔aporia: 이러지도 저러지도 못하는 상태('막다른 곳에 다다름'이란 뜻으로 하나의 명제에 대한 증거와 반증이 동시에 존재해서 난관에 처한 상태) - 옮긴이〕상태에 빠졌다. 당연했다. 추측을 영원히 한다고 해도 답을 찾지 못할 테니까 말이다. 수학적으로 볼 때 넓이가 두 배가 되려면 한 변의 길이가 8의 제곱근이 되어야 하는데 8의 제곱근은 무리수이기 때문에 두 자리 숫자로 말해질 수 있는 것이 아니다. 내 계산에 따르면 8의 제곱근은 '2.82871…'로 무한대로 나간다. 소크라테스는 의도적으로 그런 숫자를 선택했는데, 소년으로 하여금 자신이 답을 알지 못함을 깨닫게 하고 동시에 알고 싶은 욕망을 자극하고 싶었기 때문이다.

소크라테스는 소년의 관심을 대각선으로 옮긴 다음 넓이가 16인 정사각형 안에 넓이가 4인 정사각형을 네 개 채워 넣은 후, 그 각각을 대각선으로 반으로 나누면 결과적으로 중간에 넓이가 8인 정사각형이 나온다는 것을 보여주었다. 그러자 소년은 그 대각선들로 마침내 두 배의 정사각형이 만들어짐을 분명히 보았다.

나는 플라톤이 소년으로 하여금 "아하!"라고 말하게 했으면 좋았을 걸 하고 생각한다.

소크라테스의 방식을 따르며 수업에서 자신의 역할을 하던 성하님은 당황한 스님에게, 해법으로 통할 통찰을 부르는 아주 적절한 질문을 던졌다. 나는 2차원의 종이에 성냥개비를 그려보는 것으로는 안 된다는 것을 알면서도 소크라테스 방식으로, 완성된 형태를 종이에 그려봐도 된다고 하는 것으로 스님들을 헷갈리게 했다. 그러므로 성하님은 그 스님에게 그 형상이 납작할 것이라고 생각했느냐고 물었고, 티베트어로 (물론 나는 알아들을 수 없었다.) 다시 물었다. 그러자 이렇게 저렇게 해보던 스님이 책상 위에 만들어 놓았던 삼각형 꼭짓점들로부터 성냥개비 세 개를 세워 서로 만나게 하는 것으로 사면체를 만들어냈다. 그 스님도 "아하!"라고 말하지는 않았지만, 나는 수학에서 이성만이 불러들일 수 있는 그런 돌연하고 확실한 파악에 그 스님도 감탄했기를 바랐다.

플라톤은 그 노예 소년이 보여주었던 이성적 통찰 능력이 계발될 경우 인간의 중요한 덕이 되고, 다른 덕목들의 기반이 됨을 보여주고 싶었던 것이다. 메논도 그것을 보아야 했지만 보지 못했다. 소크라테스가 메논에게 무엇이 덕인지 말해달라고 했을 때, 메논은 어려울 것 없다며 금방 몇 가지 정의를 내려주었다. 하지만 그 중에 어떤 것도 소크라테스의 비판을 피하지 못했다. 결국 메논은 이전에 들었던 것을 기억해내 덕은 선한 것을 얻는 힘이라고 말했다. 소크라테스는 그 말은 옳을 수도 있다고 생각했지만, 다시 메논에게 그 정의가 의미하는 것을 설명해 보라고 했다. 메논은 또 다시 설명하지 못해 당황하다가 급기야 화를 내기까지 했다. 결국 트집 잡기에 여념이 없던 메논은 더 이상의 탐구는 무의미하다고 했다.

메논을 다시 회유하기 위해 소크라테스는 남녀 사제들에게서 들었다는 기묘한 이야기를 하나 들려준다. 그 이야기에 따르면 영혼은 이전의 삶에서 완전한 지식을 획득했지만 세속적인 삶의 혼란 속으로 던져져 다시 탁해졌기 때문에, 이전에 이해했던 것을 상기하는 임무를 갖고 살고 있다고 한다. 방금 탐구가 무의미하다고 했음에도 메논은 호기심을 느꼈고 소크라테스에게 설명을 요청했다. 지식이 곧 상기(recollection)임을 보여주기 위해 소크라테스는 그 노예 소년에게 다시 질문하기 시작했다. 메논은 그 소년이 자신과 똑같은 과정을 그대로 따라갔음을 깨달았어야 했다.

먼저 소년은 자신이 안다고 확신했다. 소크라테스는 그가 모른다는 것을 증명했고 소년은 좌절했다. 다음 소크라테스가 소년의 관심을 약간 돌리자 소년은 바로 그 잊어버렸던 것을 분명히 보았다. 메논이 좌절했을 때 소크라테스는 메논의 주의를 그 소년이 문제를 풀면서 보여주었던 힘으로 돌리고 싶었다. 메논이 이전에 가졌던 의견이나 추측과 극명하게 대조되는, 분명함과 확신을 부르는 바로 그 힘 말이다. 메논은 그 노예 소년이 보여주었던 그 능력이 바로 선한 것을 얻는 힘임을 깨달았어야 했다.

나는 지금도 카르마파를 제외한 다른 스님들이 이 요지를 이해했는지 잘 모르겠다. 스님들은 기하학은커녕 수학도 그다지 배우지 않았다고 했다. 간단한 문제 두 개의 해법을 보았다고 해서 이해의 새 세상이 열렸을 것 같지는 않았다.

그러므로 이제 내가 좌절할 차례였다. 플라톤의 아카데미 입구에는 "기하학을 모르는 자는 들어오지 마라"라는 글귀가 붙어있는데, 나는 여기서 기하학을 모르는 사람들에게 플라톤을 가르치려드는 것이다. 나는 불교의 깨달음과 비교할 만한 명료한 지성으로, 메논의 이야기를 통해 이성적인 통찰 개념을 제시했다. 우리의 그 비교에서, 스님들에게는 이때까지도 서양 쪽이 약한 감이 없잖아 있었다. 그런데 뜻밖의 행운이 찾아왔다.

아침 7시 반, 나와 에릭이 아침도 먹기 전에 누군가 숙소의 문을 쾅쾅 두드렸다. 샤마르 린포체의 운전사 벨루 라마였다. 샤마르 린포체가 지금 당장 당신의 집에서 만나고 싶어 한다고 했다. 예의 그 혼잡을 뚫고 시내를 가로지르면서 대체 무슨 일인지 의아해 했다. 에릭은 좀처럼 물러나지 않던 우기가 끝나고 맞은 첫 번째 맑은 날이니, 우리의 숙소보다 산마루 위쪽에 있는 샤마르 린포체의 집에서 히말라야를 보게 하려는 것일지도 모른다고 했다. 정말 그랬다. 그곳에서 우리는 눈부시게 하얗게 빛나는 지평선 위에 다른 덜 웅장한 수행원들과 함께 떠 있는 칸첸중가(해발 8,598m)를 볼 수 있었다. 진정 아름답고 영묘한 광경이었다. 우울했던 우기가 지나자 히말라야가 아주 가까워졌다.

프랑스식 문을 통해 칸첸중가가 내다보이는 아름다운 다이닝룸에서 아침을 들다가, 에릭이 샤마르 린포체에게 셰랍(sherab)과 예쉐(yeshe)가 어떻게 다른지 여쭈었다. 내가 모르는 용어들이었는데 알고 보니 영어로는 똑같이 '지혜'로 번역되는 단어들이었다. 사마르 린포체는 세랍은 이 것저것에 대한 분명하고 개념적인 지식인 반면, 예쉐는 비개념적인 정신의 지혜로 궁극적 지혜이자 최종적인 해탈 상태라고 했다. 세랍이 좋은 사람은 아는 것이 많고 영리할 수 있으나 종종 피상적이다. 그렇다고 해도 세랍이 있어야 예쉐로 나아갈 수 있다고 본다.

후에 토론에서 카르마파는 세랍이 좋은 사람을 망원경이나 현미경으로 무언가를 분명하게 볼 수 있는 사람이고 따라서 일종의 지식을 가진 사람으로 비유했다. 이 사람은 하나의 관점에 관한 것이라면 많은 것을 알 수 있지만 관점은 곧 모두 제약이기도 하다. 그 제약 안에서 수정이 있을 수 있지만 세랍은 관점 없는 '비전', 그 궁극적 진리를 따라가지는 못한다. 세랍이 따라가지 못하는 것은 모든 것을 포함하는 더 큰 그림이 아니다. 그것은 단지 대상들을 좀 더 큰 관점에서 보는 것이니까 말이다. 세랍이 따라가지 못하는 것은 관점 없고 대상 없는 깨달음의 지혜, 예쉐이다.

그 만남이 나에게 행운이었던 것은 바로 그날 플라톤이 소크라테스로 하여금 그 유명한 세 개의 비유인 태양의 비유(선의 이데아), 지식의 네 단계를 보여주는 선분(Divided Line)의 비유, 동굴의 비유를 말하게 한 구절들을 토론할 계획이었기 때문이다. 나는 선분의 비유로 설명되는 지식의 세 번째와 네 번째 단계에 집중하고 싶었다. 그곳에서 우리는 세 번째 단계의 이론적인 이해가 우리가 희망하는 네 번째 단계의 최종적인 명확함으로 바뀌는 과정을 볼 수 있다.

첫 번째 가장 낮은 단계에서는 실재의 그림자와 이미지만을 인식한다. 하지만 실재의 그림자와 이미지를 많이 인식했다면 많은 것에서 하나로, 덜 실재적인 것에서 더 실재적인 것으로 나아가다가 실재 그 자체를 보는 데까지 다다를 수 있다. 그런데 많은 실재적인 것들을 위한 하나의 개념, 혹은 그것들을 설명하는 하나의 이론 같은 것도 있을 수 있다. 그러므로 우리는 다시 많은 것에서 하나로, 일시적인 것들에서 일시적이지 않은 개념들로 나아갈 수 있다. 예를 들어 많은 둥근 것들로부터 우리는 기하학 이론의 일종인 원이라는 하나의 개념으로 나아갈 수 있다. 그런데 앞에서 노예 소년의 이야기에서 보았듯이 이론은 많고 때로 그 이론들이 서로 충돌하기도 한다. 넓이가 8인 정사각형은 기하학적으로 간단하지만 그 넓이에 맞게 각 변의 길이를 산술적으로만 계산하려 들면 우리는 당황하게 된다. 8의 제곱근이 무리수이기 때문이다. 선분의 비유 그 세 번째 단계에서는 한 차원 높은 이해를 위해 그런 기하학과 산술 둘 다를 넘어서야 한다. 그러면 우리를 당황하게 만든 것을 이해할 수 있다.

플라톤의 가정(assumption)에서 이데아(Idea)로의 변화와 불교적 사고 속 세랍에서 예쉐로의 변화, 그 사이에 가능한 유사점을 주장하는 것은 솔깃한 일이다. 하지만 그 근거가 매우 박약하기도 하다. 이 두 단어 셰랍과 예쉐를 화이트보드 위에 처음 썼을 때 스님들의 표정이 밝아졌다. 그 전에는 오래되어서 낡은 칠판을 썼었는데 그날 켄포 서링이 색색의 잉크 펜과 함께 새 화이트보드를 마련해주었다. 글자들이 모두 더 선명해졌고 나는 그만큼 우리가 지적으로도 밝아지기를 바랐다. 스님들에게 셰랍과 예쉐는 기본에 속하는 익히 아는 개념이었다. 그러므로 셰랍과 예쉐의 차이를 꽤 분명히 구분해냈고 거기서 앞으로 나아갈 준비도 된 것 같았다.

서양인들은 자주 동양의 사상을 모호하고 신비한 것 혹은 대체로 논리가 느슨한 것으로 간주하지만 사실은 전혀 그렇지 않다. 여기 스님들은 작은 그룹을 만들어 논쟁 연습도 하는데 그 논쟁은 매우 활기찬 게임 같은 것이다. 한 스님이 마치 미사일을 쏘듯 다른 스님에게 양손을 미끄러지듯 철썩 때리며 질문을 던진다. 질문 받은 스님의 대답에 일관성이 조금이라도 떨어지면, 상대는 그 즉시 알아채고 손을 힘껏 들어 올리며 지적한다. 이때 틀린 답을 한 스님은 원통해 한다. 질문은 "모든 것은 무상한가?" 혹은 "모든 존재에 불성이 있는가?" 같은 것들로서, 답변은 재빠르면서도 매우 신중하게 해야 한다.

날카로운 질문에 대답하는 동안 스님들은 그동안 배운

것들을 모두 끄집어내 정확한 대답을 해야 할 뿐만 아니라, 미처 잘 이해하지 못한 더 깊은 의미에도 열린 마음이어야 한다. 이 모든 일은 진지하지만 활발하게 진행되며 그 과정에서 때로 웃음이 터지기도 한다. 게다가 스님들이 공부하는 경전들은 논리적 일관성을 최고 가치로 친다. 따라서 큰 스님인 라마들이 만들어내는 논리의 규칙과 형태들은 정말이지 아리스토텔레스조차 감탄하게 만들 정도이다.

더욱이 동료들과 함께 하는 그들의 비판적 사고에서 보이는 논리의 섬세함은 매우 인상적이고 도전의식을 불태우게 한다. 예를 들어 이제(二諦: twofold truth)론이 있다. 우리가 이 세상만물을 이해하는 데, 상대적 혹은 관례적 진리(속제)와 불성의 궁극적 진리(진제)가 있다는 이론이다. 그런데 그런 구분 자체가 결국은 관례적임이 분명해진다. 그렇다면 어떻게 해야 할까? 이런 논쟁에서 그들이 보여주는 솜씨는 중세의 스콜라 학자들과 현대의 인식론자들에게도 강한 인상을 남길 법하다.

그렇다고 해도 나는 불교에 플라톤이 그의 세 번째 단계의 지식에서 보여준 연역법 개념이 빠져 있음을 발견했다. 우리는 유클리드 기하학 덕분에 연역법에 익숙하다. 유클리드 기하학은 플라톤보다 약간 후대에 쓰이긴 했지만 정확하게 플라톤이 말한 그 세 번째 단계의 양상을 보여준다. 우리는 분명한 가정(assumption: 유클리드 기하학에서 말하는, 직관적으로 인지되는 공리 - 옮긴이)들로 시작한 다음, 그 가정들에서 논리적으로 나올 수밖에 없는 것들을 하나씩 끌어낸다.

예를 들어 플라톤이 말했듯이 우리는 그 첫 가정에서 시작해 한 단계씩 내려가는 것으로 하나의 정리(定理, theorem)를 증명한다. 기하학에서 증명될 수 있는 많은 정리들도 몇 개의 첫 원칙들로부터 연역적으로 끌어낸 것으로, 그 각 단계는 그 첫 원칙들에 맞아야 정당해진다. 그런데 꼭대기의 첫 원칙에서 아래의 많은 정리들로 퍼져가는 이 지적인 피라미드 구조는 자연스럽게 가장 첫째가는 궁극의 원칙을 떠올리게 한다. 궁극의 원칙이 있으면 그것에 맞는 많은 이론이 스스로 정당해질 수 있을 것이다.

플라톤은 이 궁극의 원칙을 일종의 지적인 동의로 보았고 그런 동의가 우리로 하여금 그가 태양의 비유로 말한 선의 이데아, 즉 지적인 명료함 그 자체를 일견하게 하기를 바랐다. 에드나 세인트 빈센트 밀레이(Edna St. Vincent Millay : 미국의 시인 겸 극작가 - 옮긴이)가 말한 "유클리드만이 벌거벗은 미(美)를 보았다"가 사실이라면 우리의 기하학 문외한들은 무언가 아름다운 것을 놓치고 있는 것이다. 이들은 플라톤이 말한 지식의 네 번째 단계로의 이행(move)을 이해하는 데 필요한 것도 놓치고 있다. 플라톤이 변증법적이라고 부른 그런 이행은 한 이론의 기본 가정들에 의문을 제기하는 것으로 시작한다. 최종적인 정합성(coherence)에 더 적합하고 더 적절한 이론을 명료하게 표현해내기 위해서다.

나는 물리학의 예가 도움이 될 것이라고 생각했다. 아이작 뉴턴이 제시한 그 훌륭한 물리이론은 놀라운 성공을 거두며 300년을 군림한 뒤 비탄에 잠겨버렸다. 광속 측정 관련 일부 현상들을 설명할 수 없었던 것이다. 그러자 아인슈타인이 등장했다. 아인슈타인은 뉴턴 이론이 3차원의 절대적인 공간, 균등하게 흐르는 절대적인 시간이라는 가정 아래 형성된 것임을 알아차렸다. 그리고 그 가정들을 거부하고 상대적인 시공간 개념을 상정했고 따라서 뉴턴이 하지 못한 설명을 할 수 있었다.

우리는 여기서 그 복잡한 이론들을 살펴보려는 것이 아니다. 우리가 보고자 하는 것은 사고의 흐름이다. 우리는 무엇에 대해서든 그 최종적인 명확함에 가까이 가기 위해 끊임없이 사고하며 시도한다. 또 다른 예를 하나 더 들어보자. 빛은 상황에 따라 파장일 수도 있고 입자일 수도 있다. 그런데 그런 사실은 어쩔 수 없이 또 다른 질문, "빛 그 자체는 무엇인가?"를 떠올리게 한다. 플라톤은 우리가 원하는 '최종적인 명확함'을 일컬어, '이해할 수 있는 하나의 이데아'라고 했다. 이 이데아가 지식의 네 번째 단계에서 우리가 추구하는 것이다.

정규 수업 후 성하님과 나는 소크라테스와 불교에 대한 좀 더 넓은 범위의 주제들을 갖고 개인적인 토론 시간을 가졌다. 소크라테스가 한 말들 중에 "적절히 헌신적이고 자기 훈련이 잘 된 사람이라도 오직 죽음에 이르러서야 순수 지성에 도달하며, 그 전에 순수 지성에 도달한다면 오직 죽음만 연습할 수 있다."는 말도 우리가 토론했던 주제들 중에 하나였다. 특유의 도발적인 어투로 소크라테스는 이렇게 말했다.

"철학을 제대로 추구하는 사람이라면 죽어가는 것(dying)과 죽어 있는 것(being dead)만을 연구함을 다른 사람들은 잘 모를 것이다. 그런데 그것이 사실이라면, 죽음만을 평생 바랐으면서 내내 그렇게 열렬히 연습하던 것이 왔을 때 고통스러워하는 것만큼 불합리한 것도 없을 것이다."

『파이돈』에서 소크라테스가 자신의 철학과 사명을 말하면서 했던 말이다. 소크라테스는 몸을 가졌기 때문에 오는 일시적인 구속과 혼돈 그 너머에 있는, 개인과 육신을 넘어선 명료함 혹은 요즘 말로 객관적인 이해에 도달하려 했다.[2] 그것은 계속되는 노력을 요구하는 일이었고 소크라테스에게는 일생의 사명이었다.

나는 소크라테스의 이 글을 될 수 있는 한 빨리 소개해, 살면서 받아들여야 하는 죽음과 계속적인 지적인 노력의 필요성에 대해 소크라테스가 어떤 방식으로 말했는지 보여주고 싶었다. 현대의 학자라면 죽음을 연습하는 것으로 객관적인 이해, 예를 들어 비개인적이고 비주관적이며 보편적으로 받아들여지는 그 무언가에 도달하려고 노력한다고 말할 리는 거의 없을 것이다. 자신의 노력을 심사숙고해본다면 그럴 수도 있겠지만. 주관성을 떨쳐버리려 애쓰는 것이 사실상 육체를 벗어난 것인 양 사고하는 것임을 현대의 학자가 과연 인정할 수 있을까? 그런 연습과 유사한 것으로서 가능성이 있는 것이 명상임은 두 말하면 잔소리이고, 성하님은 단지 미소만 지으셨다.

현상과 실재의 구분도 스님들의 관심을 끌기에 충분했다. 스님들은 이 구분에 상당히 익숙하고 급기야 현상에서 나아가 환상을 그 시작점으로 본다. 이제 플라톤의 동굴 여행 이야기가 나오지 않을 수 없다. 동굴 속에는 죄수들이 묶여져 있는데 이들은 동굴의 벽만 볼 수 있다. 그 벽에는 사람, 동물, 도구 모형(모방)들의 그림자가 깜빡거린다. 이 모형들은 불 앞에서 인형처럼 왔다갔다하며 죄수들이 볼 수 있는 벽에 그림자들을 만든다. 현대라면 플라톤이 좀 더 쉬운 장치들을 마련했을 것이다. 영화나 텔레비전을 보는 죄수들 정도면 충분하니까 말이다. 소크라테스는 "그때 그 죄수들은 그 인공적인 물체들의 그림자가 곧 실재라고 생각할 수밖에 없을 것이다."[3]라고 했다.

누군가(분명 소크라테스 같은 인물) 나타나서, 그 죄수 중에 한 명의 고개를 돌려놓아 모형들과 불을 보게 한 다음 그를 동굴 밖 태양이 있는 곳으로 데리고 나갈 수 있다. 그곳에서 자유의 몸이 된 죄수는 처음에는 실재의 흐릿한 영상들만 보겠지만 빛에 익숙해지면 태양 아래 실재하는 것들을 볼 수 있다. 소크라테스적인 깨달음(enlightening)은 선분(the divided line)의 비유가 말하는 것처럼 그 실재의 것들에서 이론들로 나아간 다음 다시 최후의 명료함, 즉 이데아로 나아가는 것으로 계속 이어질 수 있다.

일상에서 거울 속 이미지가 덧없는 것이자 텅 빈 환상으로 간주되는 것처럼, 불교도들은 깨닫게 되면 일상의 '실재들'도 환상으로 간주될 것이라고 말할 수 있다. 그렇다면 여기서 다시 한 번 유사함이 차이점으로 이어지게 된다. 셰랍은 플라톤의 세 번째 단계에서 일어나는 이론적 이해와 상당히 유사하다. 하지만 곧 큰 다른 점도 분명해진다. 그 이론적 이해로부터 우리는 변증법을 통해 최후의 명료함, 즉 이데아로 나아간다. 하지만 셰랍에서는 비개념적인 예쉐로 나아가고, 정말이지 실제로든 머릿속으로든 어떤 물질에도 결코 주관적으로 관여하지 않는 곳으로 나아간다. 셰랍과 이론적 이해 사이 우리가 볼 수 있는 유사점은 그것이 무엇이든 그 각각의 사고 양식이 끌고 가는 최후의 통찰 속에서는 그 유사점을 잃게 되는 것 같다.

나는 "~같다"라고 했는데, 그 이유는 뒤이은 카르마파와의 토론에서 『파이돈』에 등장하는 다른 주장들을 보며 소크라테스적인 통찰과 불교적인 통찰들 사이 조율이 가능할지도 모른다고 생각했기 때문이다. 플라톤이 말해주듯이, 해가 지면 처형당할 것을 알았음에도 소크라테스는 죽음에 대해 공포나 두려움이 없다고 주장한다. 그 이유는 영혼이 불사임을 확신했기 때문이다. 죽음으로 영혼은 몸의 구속에서 벗어나 영원한 명료함을 얻는다는 것이다.

그런데 그의 주장은 타당하기는 하지만, 오직 순수하고 영원하고 비개인적인 지성으로서의 영혼(Soul)이 불사라는 것만 증명했다. 소크라테스는 우리 개인들의 영혼(soul)도 따라서 불사라는 것은 보여주지 않았다. 성하님은 그 즉시 소크라테스와 불교의 유사점을 알아챘다. 우리는 비개인적이고 영원하고 편재하는 불성을 얻어야 불사이다. 나는 마음(mind)이 다르마(dharma, 법(法))가 될 때, 그리고 소크라테스적으로 해석해 정신(mind)이 명료함(intelligibility)이 될 때 불사를 얻는 것이냐고 물었다. 성하님은 약간의 주저함 끝에 동의했다. 그리고 우리는 이 문제가 좀 더 생각할 필요가 있음에 동의했다.

그리고 나중에 정말로 좀 더 생각해보았다. 내가 깨달으면 마음이 다르마가 되는 것이냐고 다시 물었다. 성하님은 약간 주저하며 내가 만들어 제안한 신선한 공식, 즉 '다르마는 활발한 마음(Active Mind)의 양상(pattern)이다'에 잠정적으로 동의했다. 카르마파는 궁극적이고 비개념적인 개방(Openness, 혹은 열림 - 옮긴이), 즉 순야타(shunyata)를 보통 번역되는 대로 '공(空, emptiness)'으로 보기보다 '활발한 마음'으로 보기를 선호한다고 말한 바 있다. 기존의 번역이 오해의 소지가 있다고 보았던 것이다. 물론 모든 순간이 곧 끝이다. 더이상 그곳에 있는 것은 없다. 그러므로 공한 것이 맞지만, 모든 순간이 시작이기도 하고 그런 순간이 끝없이 이어지기도 하는 것이다. 바다의 파도는 순간적이지만 다른 파도가 일어날 길을 열어주고 그 다른 파도는 또 다른 파도를 위한 길을 열어주고 그렇게 끝없이 이어진다. 그리고 내가 제대로 이해했다면, 카르마파는 그런 역동적 개방을 '공'으로 보기보다 '활발한 마음'으로 보기를 선호한다. 나로서는 다르마를 활발한 마음의 양상으로 볼 때 불교적 통찰들을 더 잘 이해할 수 있었다. 이 시각이 전문가들의 비판에서 살아남기 바란다.

그런데 그렇지가 않다. 다르마는 활발한 마음의 양상이 아닌 것이다. 다르마는 보통 교리나 법(law)의 뜻으로 쓰이지만, 더 정확하게는 깨달음을 부르는 길을 뜻하고 올바른 삶과 긴 명상으로 정화함을 뜻한다. 그리고 그 정화의 끝에서 마음의 구속에서 벗어나 진정한 본성을 보는 것이다. 게다가 그 진정한 본성에는 양상(pattern)이 없다. 나의 제안은 지나치게 서구적이었다.

나는 이 문제를 좀 더 연구해보고 싶었다. 왜냐하면 이 문제가 불교도들이 그렇게 자주 듣는 질문이자 내가 성하님께 여쭈기도 한 질문, 즉 "그렇다면 무엇이 윤회합니까?"에 답을 줄 것 같아서였다. 죽음에서 살아남아 새 몸에 생기를 불어넣을 영혼(soul)이나 그 유사한 존재가 없다면, 그렇다면 무엇이 윤회를 하는가? 카르마파는 반복되는 것은 마음의 양상(pattern)이라고 대답했다. 나는 이 대답을 한 인간이 죽어도 그의 생각과 말과 행동과 이른바 성격의 양상들은 살아남는다는 뜻으로 이해했다. 그렇기 때문에 이 몸에서 다른 몸으로 가는 일종의 존재로서의 영혼의 개념은 피할 수 있는 것이라고 이해했다. 이 문제는 영혼 존재 관념들을 마찬가지로 거부했던 18세기 영국의 경험주의자 데이비드 흄을 논하면서 한 번 더 살펴보겠다.

플라톤이 자신의 사상에 근본이라고 말한 선의 이데아도 지금까지 보아왔듯이 분명히 표현하기 어렵기는 하지만, 불교의 그것과 비교하면 다소 대조적인 면이 없지는 않다. 소크라테스는 선의 이데아가 무엇인지 직접적으로 말할 수는 없지만 비유를 들어 말할 수는 있다고 했다.

태양이 빛날 때 그 빛으로 지각 가능한 이 세상 속 대상들을 볼 수 있는 것처럼, 우리는 눈에는 보이지 않는 지성의 영역 속의 유사한 것들(플라톤은 이것들을 세 부분으로 나누어 도식화했다)을 볼 수도 있다. 눈으로 대상과 그것의 그림자를 보는 데 태양이 조건인 것처럼, 우리 정신이 지성적 대상들인 이론과 관념들을 이해하는 데에는 선의 이데아가 그 조건이다. 태양과 유사한 것으로서의 선의 이데아라는 이미지를 지성적인 것들의 원천으로 본 것은 매우 흥미로운 발상이다. 따라서 그 후의 서양철학과 신학에 막대한 영향을 끼쳤음은 두 말할 필요도 없다. 명료함 그 자체로서의 선의 이데아는 후대에 신의 지혜로 발전했고 현대에도 자연 현상에 지적인 설명이 가능하다는 생각을 대표한다. 예를 들어 우리가 이해하려고 애쓰는 모든 현상은 과학적으로 설명할 수 있다고 말하며, 여전히 자연주의자들을 매료시키고 있다(자연주의는 모든 초자연적이라고 하는 것들도 사실은 자연적인 현상임을 주장하며 이성의 발전을 지향한다 - 옮긴이). 이런 생각은 과학적 연구를 자극하고 철학에서는 명확한 개념 획득의 노력을 독려한다.

그러나 이렇게 분명히 말해졌음에도 문제, 아니 난제가 하나 등장한다. 태양을 직시할 때 오히려 눈이 어두워진다면, 선의 이데아를 직시할 때도 눈이 부셔 볼 수 없게 된다. 플라톤은 소크라테스로 하여금 태양의 비유를 다음과 같이 끝내게 했다.

> 태양이 우리가 보는 것을 보이게 할 뿐만 아니라 그것들을 존재(existence)하게 하고 영양분을 주어 자라게 한다는 것에 당신은 동의할 것이오. 하지만 태양은 존재와 다르오. 선(Good)도 마찬가지요. 선은 지식의 대상들이 지식으로 알려질 수 있는 힘을 줄 뿐만 아니라 그것

들의 바로 그 있음(being)과 그것들의 현실(reality)까지 끌
어내지만, 선은 있음과 다른 것이고 심지어 그 위엄과
힘에 있어 있음을 넘고 초월하오.[4]

있음을 넘어선다? 플라톤은 언제 모호해야 하는지 알았고,
따라서 여기서 우리에게 선의 이데아에 대한 비유만 남겨
준다. 그 비유는 직시하면 눈을 멀게 하는 태양은 분명히 볼
수 없다는 것이다. 그렇다면 플라톤이 말하려는 것은 무엇
인가? 플라톤은 지성의 한계를 보여주고 나아가 그 한계의
넘어섬도 분명히 보여준다. 세랍에 한계가 있고 예쉐가 그
한계를 넘는 것처럼?

성하님은 근본적인 주제를 다룰 때 직면하게 되는 문
제와 난제들에 큰 흥미를 보였기 때문에, 이 모든 탐구에서
더할 수 없이 훌륭한 동료였다. 『파이돈』에 나오는 소크라
테스의 논쟁 중 적절히 정화된 영혼(soul)이라면 육체를 벗어
났을 때 비개인적인 순수한 지성이 됨을 보여주는 부분에
대해서도 다시 토론할 기회가 있었다. 그렇다면 비개인적
이 된다는 것은 주체와 객체의 관계를 넘어선다는 것인가?
그것은 순야타, 그 개방적이고 활발한 마음을 획득한다는
것인가? 그렇다면 최후의 명료한 지성과 예쉐가 마침내 한
점에서 만나게 되는 것인가?

플라톤이 자신의 우주론을 펼쳐 보인, 상당한 후기에

속하는 대화편, 『티마이오스』에도 또 다른 흥미로운 소주제가 등장하는데 여기서도 주객관계는 분명히 논의되고 있다. 플라톤은 『국가』와 『파이돈』에서 고결한 사고들을 펼쳐 보였다면, '우주론'에서는 우리가 보고 다루는 것들의 기저를 이루지만 그것 자체는 결코 조금도 대상이 아닌 매우 깊은 그 어떤 것을 다룬다.[5] 플라톤은 그것을 모든 생성의 용기(容器, receptacle, 수용체라고도 한다 – 옮긴이)라고 불렀는데, 모든 것들의 장소 혹은 공간은 보이는 반면 이 용기는 보이지 않는다. 이 용기는 그 어떤 경우에도 규정될 수 없고 알 수 없으며 주체를 전제한 객체가 아니다. 플라톤은 "이것을 보이지 않고 성격이 없으며 모두 수용하며 지성의 매우 복잡한 방식으로 참여하며 이해하기 매우 힘든 자연이라고 불러도 속지 않아야 할 것이다."라고 했다.[6]

플라톤은 그럴 듯한 이야기라며 이 세상을 불러낸 신성한 장인(craftsman)의 이야기를 들려준다. 장인은 저 위에서 명료한 이데아 혹은 형상들을 보고 그것들을 이 세상에 불러내기 위해, 제빵사가 부드러운 반죽에 쿠키커터로 생각했던 형상을 찍어내듯이, 산출이 본성인 용기에 각인시켰다. 플라톤은 이런 방식으로 존재(existence)의 세 차원을 만들어냈다.

그 첫째는 영원한 형상이며 그 둘째는 시공간에 왔다가 가는, 우리가 생각하는 실재하는 것들인 그 형상의 모방이다. 그리고 그가 말한 대로 "그 셋째는 공간이다." 그 공간은 "늘 지속되고 파괴를 허락하지 않으며 '있게(being)' 되는 모든 것들을 위한 상황을 제공한다. 하지만 그 자체는 감각들이 관여하지 않는 일종의 유사 추론(bastard reasoning), 즉 믿음의 대상이 거의 아닌 종류에 의해 이해될 수 있다."[7] 저 높은 곳에서 반짝이는 지성의 영원한 형상들과 함께 우리는 저 아래, 그 자체로는 형상을 갖지 않지만 형상을 띨 수 있는 것, 즉 수용적인 텅빔(emptiness)을 본다. 이 플라톤의 비규정성을 동양의 공(emptiness) 사상과 유사하다고 보는 사람이 많다.

이제 우리는 플라톤의 철학 그 상, 중, 하의 경계에 걸쳐있는 개념들이 매우 헷갈리고 모호함을 볼 수 있다. 그 꼭대기에는 선의 이데아가 있지만 그것은 '있음 너머'에 있고 눈을 멀게 한다. 그 중간에는 영혼이 있지만 그것의 진정한 본성은 비개인적이다. 그리고 순간적인 것들 아래에는 비규정적인 용기가 있는데 그것은 오직 유사 추론만으로 이해된다. 이런 모호함이 불교적 해석을 부르는 것 같고, 성하님은 플라톤 전공의 다른 많은 학자들보다 더 그런 모호함을 흡족해 했다.

그렇다면 덕은 가르칠 수 있는가? 나는 성하님에게 불교적 전통에 의지해 생각해 볼 것을 요청했다. 그가 불교적으로 어떻게 이 질문에 대답할지 보고 싶었기 때문이다. 그리고 그는 매우 신중히 생각했음에 틀림없었다. 우리의 토론은 다음과 같은 방식으로 마무리 되었다. 진정한 정신 (mind)과 그 덕은 가르칠 수 없다. 왜냐하면 붓다와 소크라테스가 동의하듯이 그것들은 늘 거기에 있기 때문이다. 당연히 이 세상의 방해로 진정한 정신에서 벗어나기도 하지만, 우리는 그것으로 다시 돌아갈 수 있다. 다만 우리는 상당히 명상적인 훈련과 연습으로 그 진정한 자아를 '상기'해야 한다. 소크라테스에 따르면 우리는 늘 그곳에 있는 것을 재획득하는 일만 할 수 있다.

이런 중요한 유사점이 있음에도, 앞에서 보았듯이 바로 여기서 동서양의 차이점도 드러난다. 소크라테스·플라톤에 따르면 우리가 재인식(recognize)할 수 있는 것은 지성이고, 개인적 관점을 넘어 객관적으로 이해할 때 그 지성에 도달할 수 있다. 반면 불교는 비개인적이고 비개념적인 개방 상태인 불성으로 녹아들어간다. 순수하게 개념적인 이해와 불교 둘 다에서 우리는 최종적인 명료함을 볼 수 있고, 둘 다에서 '당신'과 '나'라는 생각이 사라진다. 따라서 덕은 그런 깨우침을 얻는, 계발된 능력이다.

그렇다면 다시 묻지 않을 수 없다. 덕은 가르칠 수 있는가? 메논은 그의 질문에 대한 소크라테스의 대답을 이해하지 못했고 확실히 붓다의 대답 또한 알아듣지 못했을 것이다. 하지만 어느 쪽이든 메논이 보지 못한 것을 우리는 볼 수 있다. 바로 가르치는 것은 산란함과 모호함에서 우리의 진정한 정신의 빛으로 인도하는 것임을 말이다. 내 생각에 소크라테스와 붓다 둘 다 이 결론에는 수긍할 것 같다. 최종적 명확함과 그곳으로 이르게 하는 활동에 관해서는 그 방식이 서로 상당히 다르지만 말이다.

나는 성하님에게 이 스승의 주제와 관련해 또 다른 토론하고 싶은 주제가 있느냐고 여쭈었다. 나는 "깨달음의 길을 꿋꿋하게 걸어온 보살(bodhisattva)이라면, 괴로움과 속박에서 벗어나는 방법을 보여주는 스승의 길을 걷기 위해 열반의 문턱에서 한 걸음 뒤로 물러난다."는 글을 읽은 적이 있었다. 보살은 열반에 들어야 가질 수 있는 온전한 행복 바로 앞에서 멈추고, 자비로운 스승으로서 이 세상에 남는 것이다. 붓다도 그랬다고 말해진다.

성하님은 그렇게는 확신할 수 없다고 말했다. 깨달음과 열반에 도달해서도 우리는 이 세상에 무엇으로든 돌아올 수 있고 붓다는 확실히 깨달은 자의 가장 소중한 표본이라는 것이다. 나는 깨달음을 얻은 사람이 어떻게 스승으로 돌아올 수 있으며 또 나아가 왜 돌아오려 하는지를 살펴보고 싶었기 때문에 이 문제를 메모하며 다음에 더 논의해 보기로 했다. 철학자에 대한 플라톤의 설명에서도 유사점이 발견된다. 선 이데아의 빛을 본 이 철학자는 변증법의 수승하고 자유로운 활동을 멈추고, 동굴의 어둠 속으로 돌아가 그

안의 다른 사람들도 빛 속으로 데리고 나와야 한다고 생각한다.

　그리스 철학을 마무리하기 전에 나는 스님들에게 고대 그리스인과 인도인의 만남에 대해 말해주었다. 스님들은 소크라테스나 플라톤은 들어본 적이 없었지만 알렉산더 대왕은 알고 있었다. 나는 알렉산더가 인도로의 정복 길에 피론(Pyrrho)이라는 철학자를 데리고 갔다고 말했다.

　기록에 따르면 피론은 인도의 나체 철학자들과 교류했다고 한다. 그들로부터 피론은 상대가 무엇을 주장하든 그 반대도 늘 그만큼 타당함을 증명하는 기술들을 배웠다. 이 기술은 판단을 보류하게 했고 따라서 논란에서 자유롭게 했기 때문에, 이 기술을 잘 익히면 평온에 도달해 그 상태를 유지할 수 있었다. 피론은 이 기술을 그의 고향 그리스로 갖고 갔으며 그 후 그와 그의 추종자들은 회의주의자로 알려지게 되었다. 그 혼돈의 초기 헬레니즘 시기에 그들이 얼마나 마음의 평온을 유지할 수 있었는지는 잘 모르겠지만, 모든 주장을 회의하는 하나의 방식이자 사고의 양식인 회의주의는 수세기를 살아남았다.

　피론 이후 거의 2천 년이 지났을 때 프랑스의 르네 데카르트가 회의론을 피론도 놀랄 만큼 상당히 다른 방향으로 전환시켰다. 데카르트는 판단의 보류와 마음의 평온이 아닌, 판단의 확실성에 도달하기 위해 방법적 회의라는 과정을 고안해냈다. 확실성이라고? 그렇다. 그리고 그 확실성으로부터 우리 자신과 신의 존재와 우리 앞에 펼쳐진 자연 세계 전체를 이해할 기회가 도출된다. 그 확실성을 피론은 어떻게 볼까? 또 불교도는 어떻게 볼까?

2장

나는 생각하므로 존재하는가?

코기토, 에르고 숨(cogito, ergo sum). 내가 생각하기 때문에 내가 존재함이 확실해진다는 이 유명한 전제를 관례에 따라 코기토로 줄여서 인용하겠다. 내 신중한 학승들은 이 전제를 어떻게 생각할까?

르네 데카르트는 수학이 제공하는 수정 같은 명확함과 확실성이 철학과 신학과 과학에는 비통할 정도로 부족하다고 생각했다. 그렇게 자신이 배운 것이 모두 불확실하다는 것을 알게 되었지만, 데카르트는 그런 불확실성을 활용할 방법을 하나 찾아냈다. 자신이 절대 의심할 수 없는 한 가지를 발견하기 위해 상당히 의도적으로 자신이 배운 모든 것을 의심하기 시작했던 것이다. 심지어 "나는 정말로 이 방에 앉아 있는 것인가? 이것이 꿈일 수도 있지 않은가?"처럼 상식적인 것들조차 의심했다. 그리고 잘 알다시피 아무리 최대한 의심해도 자신이 의심하고 있다는 사실만큼은 의심할 수 없음을 알아냈다. 자신이 거기서 생각을 하고 있다는 것만큼은 확실했다. 코기토, 에르고 숨.

피론이 그 어떤 주장도 그 반대 주장보다 진실일 수 없다고 말했을 때, 똑똑한 추종자가 그럼 그런 당신의 주장조차 그 반대보다 진실일 수 없는 것이 아니냐고 하는 데는 그리 오랜 시간이 걸리지 않았다. 피론은 "이 주장조차 그렇지."라고 대답하고는 평온을 주는 자신만의 방식을 계속 고수했다. 데카르트는 피론보다 더 많이 회의했지만 그러다 멈추었다. 데카르트는 바깥세상을 의심할 수 있었고, 2 더하기 3이 5라는 것과 신이 존재한다는 것도 의심할 수 있었다. 정말이지 모든 것을 의심할 수 있었다. 하지만 '자신이 의심하고 있다는 것'은, 의심할 것 없이, 의심할 수 없었다. 데카르트는 확실한 무언가를 얻었고 의심은 확실성 속에서 정지당했다.

나는 처음에 서양철학에서 무엇을 전달할까 생각하다가, 불교도라면 코기토를 어떻게 볼지가 궁금했고 놀랄 준비도 분명히 되어 있었다. 코기토의 발견 직후 데카르트는 그런 사고에서 영원한 영혼이 하는 사고로 나아갔는데 스님들도 그럴 것이라는 생각이 컸다. 코기토로 생각의 확실성을 보여준 후 데카르트는 거기서 더 나아간다.

"나는 이제 반드시 진실인 것이 아닌 것은 아무것도 인정하지 않는다. 그러므로 나는 정확하게 말해서 사고 실체(thinking thing)일 뿐이다. 사고 실체는 마음(mens sive animus : 자아는 마음이라는 뜻 – 옮긴이)이고 이해이고 혹은 이성이다. 이 용어들의 의미를 이전의 나는 알지 못했다. 그러나 나는 진짜 실체이고 실제로 존재한다. 그런데 무슨 실체? 사고 실체가 그 답이다."[8]

대조적으로 불교도는 "사고로 있는 것(being thought)"에는 (그리고 상대적인 지식에는) 동의할 수 있지만 그것에 의해 존재하게 된다는 것은 진실하고 비개인적인 마음에 위배되기 때문에 동의할 수 없다. 불교도에게 에고의 존재는 환상이다.

　스님들이 코기토 부분의 그 날카로운 논리, 의심하는 것을 의심하는 자기지시적인 부조리, 생각하고 있음을 생각하는 광기를 이해하는 데 생각보다 많은 시간이 필요했다. 하지만 내가 다시 한 번 셰랍과 예쉐에 의지하자 스님들은 견고한 논리까지는 아니라도 그 함축적인 의미는 이해할 수 있었다. 내가 약간 재촉하자 에고로서의 자아, 데카르트가 말하는 '사고 실체'에 초점을 맞출 때 우리는 개념적인 사고 즉 셰랍 수준에서 사고하고 있음을 이해했던 것이다. 그때 우리는 대상과 우리의 에고에 분명히 집중할 수 있지만 그런 분명하지만 한계가 있는 생각은 예쉐, 즉 비개념적인 진정한 마음에는 미치지 못한다. 모든 개인적인 것들처럼 에고도 환상이다. 그런 것들에 더 집중할수록 우리는 진실하고 영원하고 비개인적인 마음으로부터 더 멀어진다. 자신의 개인적인 에고 차원에서 사고하는 데카르트는 그렇다면 진정한 마음으로 존재하지 않는다. "생각한다. 그러므로 나는 존재하지 않는다(cogito, ergo non sum)"가 되는 것이다. 나는 스님들이 이 지점에 도달할 것이라고 기대했었다.

　반대 방향은 어떨까? 내가 예쉐의 수준에서 생각하고 '내가 생각하는 것'이 진정한 마음 그 자체를 궁극적으로 깨닫는 것을 의미한다면, 나는 개인적인 에고로는 존재하지 않는 것이 된다. 여기서도 다시 "생각한다. 그러므로 존재하지 않는다.”가 된다. 어떤 스님들은 예쉐를 사고의 양식으로 보는 것 자체를 주저했고, 주체와 객체가 있는 사고 내에서라면 그런 주저함은 확실히 옳다. 하지만 그렇다고 해도 주체와 객체 너머 진정한 마음의 수준에 개인적인 에고가 존재하지 않는다는 주장은 여전히 가능하다.

데카르트의 사고는 처음부터 많은 비판을 받았다. 심지어 현대에도 데카르트를 비판하는 수고를 마다하지 않는 철학자들이 있다. 데카르트가 남긴 문제들을 자신들이 어떻게 피했는지 보여주려는 것이다. 그 문제들 중에 하나는 우리도 방금 살펴보았고 뒤에 또 언급될 것이다. 그것은 데카르트가 사고라는 행위에서 사고하는 사람으로, 계속되는 생각에서 지속되는 사고 실체로 나아갔다는 점이다. 다시 말해 그가 정신이라고 불렀던 사고가 그 주요 속성인 실체로 나아갔다는 점이 문제였다.

중요한 속성을 가진 실체라는 개념은 데카르트가 그 모든 방법론적 회의가 무색하게도 당대의 아리스토텔레스·토마스 신학으로부터 아무런 회의 없이 차용한 것이기 때문에, 곧 많은 사람으로부터 코기토 주장에서 확고하지 않는 부분이라는 비판을 받았다. 사고는 좋다. 하지만 사고하는 사람은, 그러니까, 좀 의심해 볼 필요가 있는 것이다. 그밖에 몸·마음의 이원론, 기계적이고 물리적인 세계 속 자유 의지의 문제, 감각의 폄하 등의 다른 부수적인 문제들도 여전히 비판의 대상이다. 그런데 스님들로부터는 아무런 비판도 듣지 못했다. 스님들이 비판할 마음이 있었다면 말이다.

약간의 안이함을 논외로 친다면, 우리의 코기토 연구도 조금이라도 정당한 비판이 될 수 있을까? 우리의 공식적인 비판은 '개인적인 마음 너머에 그 개인적인 마음이 환상임을 보여주는 진정한 마음이 있다면, 그 개인적인 마음은 진정으로 존재하는 것이 아니다'가 될 수 있다. 하지만 어떻게 애초의 가정 속 그 '~다면'을 없앨 수 있을까? 어떤 주장이면 그 진정한 마음이 있음을 증명할 수 있을까? 증명할 수 없다면 그 결론, "나는 생각한다. 그러므로 나는 존재하지 않는다."는 데카르트의 "나는 생각한다. 그러므로 나는 존재한다."의 확실성에는 미치지 못하는 하나의 가정으로 남을 수밖에 없다. 그런데 이런 생각이 바로 예쉐가 우리로 하여금 초월하기를 바라는 종류의 생각이다. 주장이나 논쟁은 공한 것이니까. 비개념적이고 정말로 사고(thought) 없고 의심 없는 궁극(finality)을 얻을 방법은 자기파괴적이기 때문에 스스로를 제거해버리는 맹렬한 변증법과 끈질긴 훈련과 오랜 명상뿐이다.

개인 토론 시간에 나의 바람에 따라 성하님과 나는 데카르트의 논리적 확실성과 구별되는 불교적 궁극의 의미를 살펴보는 문제로 재빨리 옮겨갔다. 우리는 예쉐에서 드러나는 개방으로 나아갔다. 그곳에는 명백한 사고라는 것이 전혀 없기 때문에 그 어떤 의심도 있을 수 없다. 그곳에서 의심은 지워진다. 모든 의심이 녹아 사라져버리면 그 결과는 확실성일까? 하지만 예쉐가 모든 사고가 없는 것이라면 확실성 또한 지워지는 것 아닐까? 예쉐 혹은 깨달은 마음의 수준에 다다르면 우리는 의심도 넘어서고 확실성도 넘어선다. 확실성은 우리가 말하는 지적인 명확함 속에서만 존재하며 예쉐의 깨달음 그 반대편에 서 있는 것이다. 그러므로 예쉐는 의심을 지울 수는 있지만 우리에게 지적인 확실성을 줄 수는 없다.

그런데 깨달음에도 확실성 같은 최종적이고 부동한 무언가가 있다. 지금 깨달음 대 지적인 확실성이라는 우리의 대주제 두 개가 서로 대분열 중에 있다. 깨달은 사람은 최후의 지혜 속 궁극을 주장할 수 있지만, 그들은 그때 지적인 확실성으로 옮겨갈 수 없다. 데카르트를 포함한, 그런 궁극에 도달하지 못했고 마음속에 상당히 다른 종류의 확실성을 가진 사람들은 확실성은 가지겠으나 깨달음의 궁극으로 갈 방도는 없다. 예쉐가 셰랍을 대체하듯 깨달음의 궁극이 확실성을 대체할 수 있을까? 그 반대로 지적인 확실성이 깨달음의 궁극을 인식할 수 있을까? 여기서 몇 가지 문제들이 더 파생하는데 이것들은 마지막 장에서 살펴보기로 하자.

분열을 없앨 다른 방법들이 없는 것은 아니다. 코기토를 이렇게 저렇게 갖고 놀다 보니 미국 내 강의에서 종종 그렇듯 재미있고 즐거운 주제가 되었고, 스님들은 미소를 짓는가 싶더니 크게 웃기도 했다. 코기토를 둘러싼 농담과 재미있는 반전들이 이미 매우 많기 때문에 내가 여기서 하나를 더 추가할 필요는 없을 것 같다. 그런데 명상 수행에 전념하는 사람들도 곧잘 농담의 대상이 되곤 한다. 나는 「뉴요커(New Yorker)」에 실린 만화를 하나 기억하는데, 삭발한 두 젊은 남자가 명상 중에 있고 그 한 명이 입술을 다른 한 명 쪽으로 살짝 벌리며 묻는다. "내가 생각하지 않는 것을 너도 생각하지 않는 거지?" 재미도 있지만 의미심장하기도 하다.

이론가들은 유머의 중요한 조건이 문맥의 돌연한 전환이라고 말한다. 하나의 문맥 속에서 생각의 선 하나를 따라가고 있는데 갑자기 또 다른 문맥 속에서 또 다른 생각의 선을 따라가도록 자극받고 그 둘의 결합이 부조리함을 보게 되는 것이다. 이런 상황이 다른 여러 조건들과 함께 우리로 하여금 웃게 만든다. 내가 흥미를 느끼는 것이 바로 그 결합이다. 그 결합을 잘 살피면 하나의 결합에서 유머가 생기려면 두 문맥 모두 우리 마음속에서 견고하게 자리 잡고 있어야 함을 알 수 있다. 나는 스님들이 데카르트의 입장을 어느 정도 이해할 때만이 불교적 문맥과 재미있게 결합함을 볼 수 있으며, 스님들이 그 둘의 대조를 더 즐길수록 그 둘에 대한 더 날카로운 통찰을 얻을 수 있다는 결론을 내렸다.

나는 이 유머의 요지가 유머 부분만 제외하고 우리의 대주제에서도 그대로 적용될 수 있기를 바란다. 그때 우리는 깨달음과 지적인 명료함을 그 둘의 대조 속에서 더 분명하게 볼 수 있을 것이다. 성하님과의 토론은 확실히 그런 긍정적인 효과를 불러왔다. 하지만 예의 그 문제는 그대로다. 우리는 그 대조를 어떤 관점에서 볼 수 있을까?

말할 필요도 없이, 데카르트의 다음 행보, 즉 신존재증명은 스님들에게 대단한 인상을 남기지 못했다. 스님들에게는 데카르트의 주장과 그 목적이 진기하다 정도였다. 유일신 혹은 그 어떤 신도 불교에서는 이야깃거리가 되지 않기 때문에 데카르트의 노력은 그들에게는 무의미한 듯했다. 다만 데카르트의 인과론적인 논증, 즉 "나는 완벽한 존재라는 생각을 갖고 있다. 하지만 완벽하지 않은 존재인 나는 그런 생각의 원인일 수 없다. 그러므로 그 결과를 내기에 충분한 다른 원인, 즉 완벽한 존재, 즉 신이 있음에 틀림없다."에는 관심을 보였다. 스님들이 인과론적으로 사고하는 데 익숙하고 데카르트의 완벽한 존재에 그들만의 의미를 부여할 수 있었기 때문이리라. 다른 주장들은 논리 형태면에서나 그 의도면에서나 스님들에게 별다른 인상을 주지 못했다.

데카르트의 주장들을 분명히 전달하려 애쓰면서 나는

서양적 사고가 오성(understanding: 논리적 개념적으로 이해하고 판단하는 능력 - 옮긴이)의 피라미드 그 꼭대기에 있는 정점 혹은 최후의 대상을 얼마나 갈구하는지를 다시금 깨닫게 되었다. 플라톤의 선의 이데아가 그랬고 아리스토텔레스의 부동의 동자(unmoved mover)가 그랬다. 신학에서는 물론 신이 있었으며 과학도 그것이 신의 지혜이든 아니든 하나의 지속적인 지성, 다시 말해 자연의 법칙을 찾는 데 몰두했다. 물론 그런 생각에 반대하는 것으로 그 정체성을 찾는 무신론 같은 사조도 있지만, 오히려 그렇기 때문에 그런 생각에 감염되어 있음은 부인할 수 없는 사실이다. 이와는 다른 전통을 따르는 스님들에게 데카르트 형이상학 내 신의 위치가 얼마나 중요한지 보여주려고 애썼던 나만 보아도 그렇다. 나는 스님들에게 서양적 사고의 전형을 보여주는 데 5주는 너무 짧다고 생각했다.

개인적 정신을 모든 탐구의 기반으로 확정한 데카르트의 코기토는 개인주의가 현대 서구 문화의 큰 특징으로 발전하는 데 기여했다. 개인적인 사고 실체가 우리 서양인의 시작이라고 해도 과언이 아니다. 데카르트 이후 반세기가 지났을 때 개인적인 인간에 대한 유사한 강조가 영국인 존 로크의 연구에서 다시 나타났다. 데카르트의 합리주의를 피하자는 열망이 그 시작이었지만, 로크는 합리주의에 반대되는 자신의 경험주의적 접근법에서 개인적인 정신을 중심축으로 내세운다.

로크에 따르면 모든 지식은 경험으로부터 오고 경험은 감각과 반성으로 구성되며, 그것들이 애초의 백지(a tabula rasa) 상태인 정신에 스스로를 각인시킨다. 본질적으로 백지인 각각의 정신은 다른 모든 정신과 동등하다. 다시 말해 우리가 이미 다 알고 있듯이 모든 인간은 자유롭고 동등하게 창조되었다. 로크는 이런 생각을 그의 정치철학으로 다듬었고 후에 서양역사는 그것을 차용해 헌법을 비롯한 그 외의 법들을 만들었다. 합리주의와 경험주의 철학 둘 다 개인주의를 강조했고, 따라서 18~19세기 서구의 정치와 경제와 종교에 개인성이 두드러졌다.

말할 필요도 없이 이런 개인주의는 불교적 관점에서 보면 진기하고 심지어 거슬리기까지 하다. 앞에서 말했듯이 카르마파는 덕에 대한 소크라테스의 개념이 이기적(지나치게 자아에 집중한다는 점에서 이기적이라고 보았다 – 옮긴이)이라고 보았는데, 이제 여기 현대 개인주의는 심지어 더 공공연하게 이기적인 것이다. 그런 개인성의 강조는 비개인적이고 비개념적인 불성에 위배된다. 불교도는 로크가 개인들을 서로 분리되어 있는 백지들로 보았을 뿐, 그런 개인성조차 없어서 구석구석 공(emptiness)한 진짜 백지로 보지는 않은 것이 신기하다고 생각할지도 모른다. 4장에서 우리는 경험주의가 불교가 말하는 그런 백지 상태를 받아들일 수 있을지에 대해 살펴볼 것이다.

　이 주제는 이쯤에서 마무리했는데, 수리물리학으로 본 물질세계를 다루는 데카르트의 제6성찰로 빨리 넘어가고 싶었기 때문이다. 교실 밖에서 스님들 몇 분과 얘기를 나누다가 현대 과학에 대한 스님들의 관심이 진지하다는 것을 알게 되었고 따라서 현대과학을 탐구해보고 싶었다.

3장

과학은 방해꾼인가?

프리드리히 니체는 소크라테스에게 가장 감사했고 동시에 소크라테스를 제일 신랄하게 비판했던 사람이다. 말년에 니체는 그의 초기작, 『비극의 탄생(The Birth of Tragedy)』에 '자기비판의 시도(Attempt at Self Criticism)'를 덧붙였는데 그 훌륭한 두 번째 문단에서 철학자, 과학자, 수학자이자 이론가인 소크라테스에게 매우 흥미로운 질문을 하나 던진다. "과학 그 자체, 우리의 과학 – 다 좋다. 그렇다면 삶의 징후로 보이는 이 모든 과학이 의미하는 것은 무엇인가?" 그리고 니체는 이어서 다음과 같이 말한다.

> 모든 과학은 무엇을 위한 것인가? – 더 심각하게는 어디에서 나온 것인가? 자, 모든 것에 그렇게 과학적이겠다는 결심은 염세주의에 대한 일종의 두려움이 아닌가? 염세주의로부터의 도피가 아닌가? 진실에 반하는 최후의 교묘한 수단이 아닌가? 그리고 도덕적으로 말해 잘못이고 비겁한 것이 아닌가? 비도덕적으로 말해 책략이 아닌가? 오! 소크라테스, 소크라테스여, 그것이 당신의 비밀이었나? 오! 수수께끼 같은 반어(反語, irony)론자여, 당신의 반어가 의미하는 것이 그것이었나?[9]

우리는 소크라테스적 반어(反語, irony)라는 말을 자주 쓴다.

소크라테스가 반어적으로 자신이 진실에 무지하다고 주장하며, 같이 진실을 탐구해보자며 대화자를 끌어들였기 때문이다. 여기서 니체는 철학, 과학을 비롯한 모든 탐구 분야, 그 전체 사업을 진실에 반하는 술수이자 방어벽으로 본다. 니체에 따르면 소크라테스도 그렇다는 것을 알았다. 그러므로 소크라테스의 반어에는 더 깊은 반어가 있었던 셈이다. 그렇다면 니체가 말하는 진실은 무엇인가? 『비극의 탄생』에서 니체는 황금의 손으로 유명한 마이다스 왕의 이야기를 들려준다. 왕은 호색가 중에 호색가인 실레노스를 붙잡고 인간에게 무엇이 최고인지 물었다. 호색가는 약간의 생각 끝에 말했다. "인간에게 최고는 절대로 인간이 얻을 수 없는 것이다. 태어나지 않는 것, 존재하지 않는 것, 아무 것도 되지 않는 것이니까 말이다. 하지만 인간에게 두 번째로 좋은 것은 있다. 그것은 빨리 죽는 것이다."[10]

음란하게 놀기를 일삼는 호색가 중 호색가의 입에서 나오는 말치고 기묘하다. 이 이야기에 따르면 우리는 오직 공포, 고통, 죽음에 직면하기 위해 이 생에 던져졌다. 현명한 사람이라면 망각을 선호하는 것도 그렇다면 당연하다. 그런 어두운 진실에서 도망치기 위해 우리는 디오니소스적으로 호색가가 되어 진탕 마시고 놀며 정신줄을 놓고 살거나, 니체가 아폴로적이라고 말한 예술의 환상과 꿈속으로 혹은 과학이 약속하는 새로운 명확성 속으로 도망칠 수 있다. 어느 쪽이든 우리 존재의 어둡고 끔찍한 진실을 외면하는 것이다.

나는 과학에 대한 니체의 그런 기묘한 숙고로 우리의 토론을 시작했다. 자연과학에서 가장 두드러지는, 잘 정리된 탐구 방식이 과연 감탄하기만 할 것이 아니라 의문시할 것이기도 함을 보여주고 싶었기 때문이다. 서양의 교육은 보통 모든 것을 객관적으로 보라고 가르치고 이런 관점이 가진 역량과 그 성과는 그 어떤 찬사로도 부족할 것이다. 그런데 그 객관성과 과학 자체는 과연 무슨 관점에서 살펴봐야 할까? 이 질문을 염두에 두고 과학을 한 번 자세히 살펴보자.

데카르트도 그런 객관적인 관점을 하나 제공했고, 그 관점이 당시 막 태어난 현대 과학을 길러냈다고 해도 과언이 아니다. 데카르트는 방법적 회의를 통해 의도적으로 중세 철학과 신학과의 단절을 이루어냈을 뿐만 아니라 과학에 한 자리를 마련해주었다. 그리고 새로운 세계관을 제공해 과학이 취할 형태를 보여주었으므로 그가 현대 철학의 아버지로 불리는 것은 정당하다.

확실성을 가진 정신에서 나아가 자애로운 신 개념까지 수립한 데카르트는 이제 의심하다가 보류했던 애초의 문제, 즉 진짜 신이 보증하는 외부의 물리적 세상의 문제로 돌아올 수 있었다. 데카르트에 따르면 우리는 이 세상에 대한 수학적으로 명확한 개념들을 얻을 수 있다. 그때 우리는 자연스럽게 저 밖에 물리적인 것들이 있다고 믿게 되고 신이 거짓말쟁이는 아님이 확실하므로, 우리는 진짜 물리적 자연 세상이 우리 앞에 있고 그것들을 이성을 이용해 분명하고 뚜렷한 개념들로 이해할 수 있다고 확신할 수 있다.

데카르트는 그 간단한 예를 하나 든다. 우리가 네모난 밀랍 하나를 오감으로 보고 있다고 치자. 우리는 그것의 색을 볼 수 있고 꿀벌의 흔적도 느끼고 냄새도 맡고 맛도 볼 수 있으며 두드려보면 소리도 들을 수 있고 견고함의 정도도 느낄 수 있다. 그러나 불 근처에 두면 그런 모든 감각적인 성질들이 사라져버리고 밀랍은 색깔도 냄새도 맛도 없는 투명한 물구덩이로 변한다. 우리는 그 견고함을 더 이상 느낄 수 없고 소리를 듣기 위해 두드려볼 수도 없다. 모든 감각적인 성질들이 변해버린 것이다. 그런데 우리는 여전히 그것을 그 똑같은 밀랍으로 간주한다. 어떻게 그럴까? 감각으로 느낄 수 있는 성질들이 변했음에도 변하지 않고 남은 것은 무엇일까?

그 외부적인 성질들 근저에 있는 것이 바로 물질적 실체이다. 성질들은 나타나기도 하고 사라지기도 하지만, 그 아래에 있는 물질(matter) 그 자체는 그대로 남고 그것은 감각이 아니라 이성에 의해 명확한 개념으로 이해된다. 처음에 견고했다가 액체가 된 것은 같은 물질로 이루어져 있다.

그렇다면 물질은 본질적으로 무엇인가? 학교에서 배웠듯이 물질은 공간을 취하는 것이다. 데카르트가 선호한 방식으로 말해보면 물질의 본질적인 속성은 연장(extension: 외연이라고도 한다 - 옮긴이)이다. 기본적으로 물질은, 예를 들어 모양, 크기 등, 견고한 기하학 상에서 분명히 측정 가능한 다양한 양식으로 확장된다. 마음의 본질적인 속성이 생각이듯 물질적 실체의 본질적인 속성은 연장이다.

물질은 색이나 부드러움 같은 2차적인 성질을 알아차리는 감각으로 인식될 수도 있지만, 이 성질들은 오직 우리의 지각 속에서만 존재하다가 사라진다. 수학적인 명료함으로 물질의 본성을 이해하는 것은 이성이다. 그렇다면 밀랍은 무엇인가? 그렇다면 밀랍은 기본적으로 정량적(定量的, quantitative)인 속성을 갖는 물질적 실체이다. 우리가 지각할 수 있는 성질들은 2차적인 것이다. 그 성질들은 보는 사람에 따라 달라지고 변할 수 있으며 그러는 동안에도 그 물질적 실체는 그대로 남아 있다.

불교도에게 그 2차적으로 감지된 성질들은 물론 환상이다. 그런데 불교에서는 그 2차적 성질들 아래에 있는 이른바 실재하고 확장된다는 그 물질적 실체도 환상이다. 데카르트 이원론의 양대 산맥, 즉 스스로 확실성을 갖는 정신적 실체와 수학의 분명하고 뚜렷한 생각들 속에서 이해될 수 있다는 물질적 실체 둘 다 불교에서는 환상이다. 주관과 객관이 없는 궁극적 지혜로 우리가 초월해야 하는 것이 바로 그 마음·물질의 이원론인 것이다.

우리는 데카르트 자신도 자신의 방법적 회의로 그 시대를 지배했던 지혜들을 넘어섰음을 잘 안다. 성 토마스 아퀴나스가 아리스토텔레스 철학을 대거 포함시키며 기념비적인 신학을 집대성한 이후부터 과학이라고 간주된 것은 모두 아리스토텔레스가 정립한 양상들 속으로 흡수되었다. 세상의 구조가 수학적이라고 확신했던 피타고라스와 플라톤은 데카르트가 등장할 때까지 약 4백 년 동안, 세상의 구조가, 예를 들어 주어와 술어가 그 성질에서 서로 부합하듯, 논리적이라고 했던 아리스토텔레스에게 항복한 상태였다.

다음이 아리스토텔레스 논리의 잘 알려진 예이다. "이 땅의 모든 살아 있는 존재들은 죽는다. 모든 인간도 살아 있는 존재이다. 그러므로 모든 인간도 죽는다." 더 잘 알려진 표현은, "인간은 모두 죽는다. 소크라테스도 인간이다. 따라서 소크라테스도 죽는다."이다.

이런 논리가 중세 과학의 형식이고 언어였다. 수학은 모든 과학의 언어가 아닌 하나의 분리된 과학으로 간주되었다. 그런데 갈릴레오가 그런 중세의 과학이 신중한 탐지, 측정, 정량화를 거친 경험적 증거에는 미치지 못함을 상당히 극적인 실험으로 보여주었다. 경험적 증거와 중세 과학의 이론을 비교하는 이런 실험을 우리는 현대 과학의 시작으로 좀 더 분명히 볼 필요가 있다.

당시의 과학이 말하듯, 무거운 물체가 아래로 떨어질 때 같은 크기의 가벼운 물체보다 빨리 떨어진다면 그런 두 물체를 탑 위에서 동시에 떨어뜨릴 때 무거운 쪽이 가벼운 쪽보다 먼저 땅에 떨어져야 할 것이다. 좀 더 엄숙하게 말해 하나의 이론이 맞는다면 그에 따른 특정 증거가 관찰되어야 할 것이다. 그 증거가 나오지 않으면 그 이론은 틀린 것이다. 갈릴레오는 기울어져 있는 피사의 탑 위에 올라가 가볍고 무거운 공들을 동시에 떨어뜨리는 실험을 했고 그 두 공은 동시에 땅에 떨어졌다고 한다. 그러므로 그 이론은 틀린 것이 된다. 사실 갈릴레오는 훨씬 더 정교한 측정이 가능한 실험 환경에서 가볍고 무거운 두 공을 경사져 있는 지면에 굴려서 그 두 공이 같은 시간 동안 같은 거리를 굴러감을 보여주려 했지만 피사의 탑 이야기도 사실일 수 있고 더 극적이다. 어느 쪽이든 우리는 과학적 방법론의 작동법을 일견할 수 있다. 즉 과학은 신중한 실험으로 이론이 틀렸음을 입증한다.

그렇다면 과학적 방법으로 하나의 이론이 맞았음을 증명할 수도 있을까? 그 이론이 사실이라면 특정 증거들이 나올 것이다. 그 증거들이 충분히 여러 번 나올 수도 있다. 그러면 어떻게 될까? 우리는 그 이론이 증명되었다고 말하고 싶을 것이다. 하지만 물론 그렇지 않다. 예를 들어 비가 오면 땅이 젖을 것이다. 하지만 땅이 젖어 있다고 해서 꼭 비가 온 것은 아니다. 비가 왔을 수도 있지만 다른 이유로 젖어 있을 수도 있다. 뒤이은 경험이 그 이론을 거부할 수 있고 나아가 새 이론이 등장할 수도 있다. 그리고 그 새 이론은 또 다른 검사를 받을 것이다.

나는 과학적 방법의 논리를 어느 정도 강조하고, 이론을 입증하는 데 끝이 없다는 것과 과학적 방법이 진행형이자 진보적임을 강조하는 것으로 현대 세상에서 어떻게 연구 조사 개념이 중요하게 되었는지를 보여주고 싶었다. 나중에 우리가 시간의 성격을 주제로 토론할 때 이런 진보적인 성격의 과학이 중요한 고려 사항이 될 것이기 때문이기도 했다.

스님들은 과학적 방법론을 어려워하지는 않았지만 그 논리가 과학에 대한 스님들의 호기심을 충족시키지는 못했다. 스님들은 빅뱅이론이나 블랙홀에 대해 더 알고 싶어 했다. 하지만 나는 그런 매혹적인 개념들에 대해 무언가를 전달하려 시도하기 전에 뉴턴 물리학에서 상대성이론으로, 나아가 양자이론으로의 전환에 대해 좀 더 알려주고 싶었다. 스님들은 그 전환에 대한, 문외한인 내가 그려준 개관을 잘 따라올 수 있었지만 여전히 이론들 그 자체보다는 특정 결과들에 더 관심을 보였다. 나는 마침내 이루어진 빅뱅과

블랙홀이라는 인기 과학에 대한 나의 강의조차 과연 그들에게 만족감을 주었을지 의심스러웠다. 하지만 그런 공부와 스님들의 반응도 시간의 성질을 공부할 때 도움이 될 수 있을 것 같았다.

이어진 만남에서 성하님은 이 장 처음에 언급한 어두운 문제들에 대한 토론에 준비가 되어 있었다. 성하님은 과학에 대한 열정이 높았고 그만큼 지식도 상당했다. 성하님은 빅뱅이론이 몹시 흥미롭지만, 불교도라면 당연한 일로서, 불편하기도 하다고 했다. 빅뱅이론이 절대적으로 모든 것에 그 시작이 있었다는 뜻이라면 말이다. 블랙홀 개념도 마찬가지로 매혹적이지만 당황스러웠다. 정말로 그 검은 구멍으로 빨려 들어가면 나오지도, 다시 태어나지도, 결코 다시 시간의 순환 속으로 들어오지도 못하는 것일까? 그런데 그러자 그런 과학에 대한 매혹 자체가 카르마파에게는 문제가 되었다. 자연과 일상적인 것들에 사로잡힐수록, 다시 말해 환상에 사로잡힐수록 사물과 개념들 너머에 있는 불교의 궁극적 진리로부터는 멀어지는 것이다.

　　속세에 얽매이는 방법은, 다시 말해 깨달음의 길에서 벗어나는 방법은 무수하다. 우리는 쾌락, 부, 명성, 권력 등등을 추구하는 삶을 살 수 있는데 그 어느 것도 바람직하지 못하다. 그런데 우리는 지식을 추구하는 일에 삶을 바칠 수도 있다. 자연과학뿐만 아니라 역사적 사건이나 고고학적인 발견, 심리학적·사회적 현상 혹은 무엇이든 우리 마음의 호기심을 사로잡는 것에 대한 상대적인 지식들 말이다. 성하님은 그런 지식들을 모두 궁극적 진리와 대비되는 상대적인 지식이라고 했다. 상대적인 지식은 무상한 것으로 오랜 명상 수행을 한 후에만 얻을 수 있는 궁극적이고 영원한 진리에는 미치지 못한다. 우리가 성취해야 할 것은 주체와 객체가 없는 최종적이고 영원한 진리이다. 모든 것이 무상하다. 불교도라면 이 모호한 말을 즐길 수 있다.

인정한다. 과학은 방해꾼 중에서도 좀 나은 방해꾼에 속한다. 하지만 그래서 우리 마음을 더 많이 사로잡고 또 그래서 우리를 무상하고 환상인 것에 더 많이 속박한다.

성하님이 꼽은 욕망의 영역에 속하는 주요 방해꾼들에 나는 적잖이 놀랐다. 그 첫째가 음식이고, 둘째가 옷이며, 셋째가 명성이었다. 명성이라고? 그렇다. 욕망에 관해서라면 폭넓게 볼 필요가 있다. 성하님이 그렇게 말한 것은 아니지만 나는 음식은 육체적인 욕망을 대표하는 것으로 보았다. 그리고 옷은 단지 가시와 추위 등으로부터 우리를 보호하는 것으로만 생각했는데 아니었다. 성하님은 우리가 옷으로 자신을 표현하고 자신의 위치와 역할을 비롯해 사람들이 자신을 봐주었으면 하는 일반적인 방식을 드러낸다고 보았다. 그리고 그들도 분명 우리가 입은 옷으로 우리를 판단한다. 이런 생각이 곧장 욕망의 그 세 번째 방해꾼, 즉 명성을 부른다. 명성은 다른 사람이 우리에게 갖는 존경 같은 것이다.

나는 명성이 성하님께 점점 더 많이 문제가 될 것이라고 했고 이미 놀랍도록 잘 하고 있는 것 같다고도 했다. 잠시 생각하는 듯하더니 그는 "지금은 아닐 수도 있지만 나중에 큰일들을 많이 겪으면 또 모르지 않을까요?" 그것은 용기와 약간 비슷한 것 같다는 나의 말에 그는 동의했다. 적에 맞설 수 있다고 확신할 수는 있지만 전쟁터에 나가기 전까지는 정말 알 수 없는 것이다. 하지만 나는 그가 절대 명성을 욕망하지 않을 것이라고 확신한다.

현대철학의 거두, 이마누엘 칸트도 과학이 단지 현상에 대한 지식일 뿐 본질적으로 실재하는 것에 대한 지식은 아니라고 확신했으며, 그 본질적으로 실재하는 것에 도달하는 길은 없다고 보았다. 칸트에 따르면 우리가 가진 것은 현상에 해당하는 경험과 그 본질적으로 실재하는 것에 대한 지식에는 미치지 못하는 인식뿐이다. 하지만 경험 내부에서라면, 즉 우리가 실재라고 생각하는 우리의 경험 세상 내부에서라면 과학적인 지식, 즉 사물들이 드러나는 진짜 방식에 대한 지식을 갖출 수 있다.

여기서 우리는 칸트의 이 유명한 질문과 만나게 된다.

"과학이 어떻게 가능한가?" 우리는 먼저 지각들을 하는데 이 지각들은 나타났다가 사라지며, 개인적인 관점, 즉 주관적인 관점에서만 나온다. 하지만 우리는 객관적 경험을 주장할 수 있고 보편적으로 판단할 수 있다. 그렇다면 과학이 있다는 뜻인데 그 과학은 대체 어떻게 가능한가?

예를 들어 철로를 보는 사람이 있다고 하자. 그 사람은 평평한 땅일지라도 그 철로의 두 선이 서로 만나 점이 되는 것을 본다. 하지만 제정신인 사람이라면 그 철로의 두 선이 실제로 만난다고 주장하지는 않을 것이다. 철로를 보는 모든 사람이 그 만나는 점을 보는데도, 왜 모든 사람이 그 철로의 두 선이 실제로 만나는 것이 아니라 평형상태를 유지한다고 확신할 수 있을까? 우리의 개인적이고 주관적인 지각을 고려할 때, 객관적인 판단이 어떻게 가능할까? 그러니까 과학이 어떻게 가능할까?

칸트는 모든 객체 경험에는 주체의 형식적 통일성 (formal unity: 칸트는 우리가 각각 다른 조각들을 지각한 뒤 그것들에 부여하는 통일성을 '형식적 통일성'이라고 불렀다 - 옮긴이), 즉 통각(apperception: 완전한 자각을 동반하는 의식적 지각 - 옮긴이)의 통일성이 필수 조건으로 전제되어야 함을 추론으로 보여주었고 나도 스님들에게 이 부분을 설명해 주었다. 대상을 볼 때 지각한 다양한 자료들을 하나로 모을 때만이 우리는 그 대상을 지속되는 하나의 통일체로 볼 수 있다. 예를 들어 하나의 집을 볼 때,

집의 정면을 관찰한 다음 옆면을 관찰하고 그 다음 뒷면과 다른 쪽 옆면을 순서대로 관찰할 것이다. 하지만 우리는 그 집이 그렇게 이 옆면에서 저 옆면으로 순서대로 존재한다고 판단하고 주장하지는 않는다. 물론 아니다. 우리는 그 모든 자료들을 함께 묶어 지속적인 하나의 집으로 받아들인다.

처음에는 어리둥절하게 만들다가 결국 문제를 최대한 분명하게 해주는 특유의 진술로 칸트는 "객체(대상)란 그 개념에 다양한 관찰들이 통합되어 있는 것"[11]이라고 말한다. 그 통합을 얻으려면 먼저 관찰자가 파악한 것들의 형식적 통일이 이루어져야 한다. 다시 말해 대상을 하나의 통일체로서 경험하려면 통각의 통일성이 전제되어야 한다. 몇 가지 예를 더 들어 보이니 스님들은 나의 요지를 파악한 듯 했다(예를 들어 태양과 달은 모든 사람에게 거의 같은 크기로 보이지만, 우리는 다른 모든 자료들을 종합하여 태양은 태양으로 달은 달로 본다).

흥미롭게도 스님들은 객체에 대한 데카르트의 발상보다 칸트의 발상을 좀 더 쉽게 인정했다. 스님들은 겉모습 아래에 있는 물질적 실체를 이성이 어떻게 이해하는지 보여준 데카르트의 밀랍 이야기에는 대단한 인상을 받지 못했지만, 집이 자료의 종합이라는 칸트의 예는 쉽게 납득했다.

수업이 끝난 후, 성하님은 칸트의 추론이 더 훌륭한 것 같다고 했다. 우리가 지금 실재(reality)가 아닌 현상을 논하고 있음은 성하님도 칸트도 동의했을 테지만, 칸트는 그렇다는 것은 인정하되 그럼에도 불구하고 과학이 현상 내에서만큼은 가능하다는 것을 보여주었다. 칸트는, 성하님은 경험 지식이라고 말할, 이 세상의 상대적인 지식이 과학상의 성취가 증명하듯이 대단할 수 있음을 보여주었다. 나는 성하님이 우리가 경험하는 것에 대해 보편적으로 타당한 판단이 가능하다고 말하는 것, 혹은 그런 판단 능력이 있다고 말하는 것을 문제라고 보았다고 추측했다.

우리가 대면하고 있는 것이 환상이라면 그곳에 어떻게 과학이 있을 수 있겠는가? 이 질문에 대답을 한 것에 칸트의 공적이 있다. 칸트에 따르면 주체는 모든 객체 경험에 형식적 통일성이라는 조건을 제공하고, 바로 그 형식적 통일성이 보편적이기 때문에 과학적 판단과 사실에 입각한 보편적이고 타당한 판단이 가능하다. 형식적 통일성을 통해 지각들을 합쳐 대상으로 만드는 것으로 우리는 우리의 세상을 건설한다.

정신(마음)이 우리의 세상을 건설한다는 것은 불교적 입장이기도 하다. 그리고 칸트는 우리가 스스로를 숙고할 때 감지하는 경험상의 에고 또한, 자료들을 하나의 것으로 종합한 일종의 건축물이라고 보았다. 이것도 불교적 입장과 통하는 면이다. 앞에서 언급했던 칸트의 문장 "객체(대상)란 그 개념에 다양한 관찰들이 통합되어 있는 것"을 조금 바꾸어 표현하면, 자아는 "그 개념에 의식의 흐름들이 통합되어 있는 것"이다. 카르마파는 칸트의 이런 입장을, 생각 그 기저에 깔려 있는 정신적 실체를 확실히 보여주려던 데카르트의 코기토 개념보다 훨씬 더 수월하게 받아들였다.

이상하게 들리겠지만 이제 과학은 환상 속에 그 한 자리를 차지하게 되었다. 우리들의 에고가 환상 속에 그 한 자리를 차지하게 된 것처럼 말이다. 세상과 자아 둘 다 우리가 만들어낸 건축물이다.

세상을 알아가는 데, 다시 말해 상대적인 지식을 쌓아가는 데 과학만 한 것이 없다는 데 성하님은 동의했고 그런 의미에서 성하님은 과학을 대단히 찬미한다. 우리는 이 세상사에 직면할 수밖에 없고 무상할지언정 세상 속 일을 처리하며 살아야 하는데, 과학이 이 무상한 세상에 놀랍도록 밝은 빛을 비추는 것이다. 그런 과학적 지식이 셰랍에 해당할 것 같다. 그런데 예쉐는 그것을 넘는 것이다. 그리고 여기서 우리는 어려움에 직면한다. 세상에 몰두한다는 것은 그만큼 산만해졌다는 것이고, 그만큼 속박당했다는 것이고, 그만큼 벗어날 필요가 있다는 뜻이고, 그만큼 예쉐에서 멀어졌다는 뜻이다.

이 장을 시작하면서 우리는 니체가 과학을 하나의 방해꾼이자 진실에 반하는 술수이자 방어벽으로 묘사했음을 보았지만, 여기서 말하는 진실은 실레노스의 지혜에 준하는 진실이다. 그 진실에 따르면 개인으로 태어나는 것은 공포와 고통과 죽음에 직면하는 것이다. 그 진실에 따르면 예술과 과학은 방해꾼들이다. 삶의 공포라는 진실과 대면할 힘이 부족하기 때문에 우리는 아폴로적인 환상에 기대거나 디오니소스적인 망각에 의지해 자아를 상실한다. 디오니소스처럼 진탕 마시는 것이 삶의 본질에 맞게 사는 것이라 주장할 수도 있지만 계속 진탕 마시기만 할 수는 없는 법. 그렇다면 어떻게 해야 할까? 애초의 표현을 약간 유화해서 "개인으로 태어난 우리는 삶의 괴로움에 직면한다"라고 말해본다면 좀 더 나은 길을 볼 수 있거나, 혹은 상기할 수 있지 않을까? 붓다는 바로 이 점에서 시작했다. 그리고 그 괴로움에서 벗어나 깨달음의 자유로 나아갈 길을 보여주었다.

그러므로 과학은 방해꾼인가? 칸트는 과학이 현상의 세상에서만 그 자리를 찾을 수 있음에 쉽게 동의하고 사실상 그렇다고 주장할 테지만, 칸트로 하여금 과학이 방해꾼이라고 말하게 하려면 우리 능력 밖의 굉장한 설득력을 발휘해야 할 것이다. 니체는 과학을 악화의 징후로 보고 어두운 진실을 무마하려는 억지스러운 쾌활함으로 볼 것이며, 불교도는 과학을 궁극적 진리에 반하게 하는 매력적인 방해꾼으로 볼 것이다. 그렇다면 훌륭한 과학자는 과학을 어떻게 볼까? 그는 이 주제에 대한 더 깊은 연구를 위한 기회를 찾고자 할 것이다. 하지만 어떻게?

데카르트의 관점은 우리로 하여금 과학을 살펴보게 만들며 하나의 길을 열었고 지금도 열어주고 있지만, 이는 또다시 그 질문을 떠올리게 한다. 과학의 의미는 어떤 관점에서 보아야 할까? 이 질문 자체가 많은 것을 말해주고 불교도를 미소 짓게 할 것이다.

4장

경험론은 어디까지 갈 수 있나?

우리는 『햄릿』을 읽거나 『햄릿』 공연을 보고 그 끝에 책을 덮거나 막이 내리는 것을 본다. 우리는 『햄릿』을 또 읽고 공연도 또 볼 것이다. 햄릿을 비롯한 다른 많은 허구지만 강력한 인물들이 늘 흥미진진하니까 말이다. 사실 햄릿이라면 책을 펼쳐 읽을 때마다, 연극을 볼 때마다 그를 더 많이 이해할 수 있다. 그런데 이 인물들은 '무엇'인가?

물론 우리는 그 모든 독서와 상연에서 살아남는 영혼의 실체, 혹은 하나의 독서·상연에서 다음의 그것들로 넘어가는 보이지 않는 개체가 있을 것이라고는 생각지 않는다. 우리는 그 희곡을 다시 감상하고 그 이야기 속 인물을 내가 알았던 그 같은 인물로 인식할 뿐이다. 아니 사실은 서로 연결되어 있는 그 희곡 속 이야기, 생각 무더기, 단어들, 표현들, 움직임들 자체를 그 인물로 인식한다. 그것들이 모여서 그 인물이 만들어지는 것이니까 말이다. 여기서 우리는 이런 의문이 든다. 실제 사람들은 이 희곡 속 인물들과 무엇이 다른가? 우리의 자아는 이야기이고 생각의 무더기이자 양식이고 행동이고 경험이 아닌가? 세익스피어의 『뜻대로 하세요』에서 다채로운 철학자 자크는 또 이렇게 말한다.

세상은 모두 무대에요.

그리고 남자와 여자는 모두 배우들일 뿐이죠.

등장과 퇴장을 되풀이해요.

그리고 한 사람이 그의 생에서 여러 역할을 맡아요.

일곱 나이 대를 연기하죠.

데이비드 흄의 소개로는 기묘한 듯도 하지만, 경험론 편 강의에서 나는 흄이 다룬 개인적 정체성의 문제를 강조하고 싶었다. 데카르트의 합리론에 반하는 그의 입장이나 다른 형이상학적, 반형이상학적 문제들을 다루는 것보다 이편이 스님들에게 더 적합하고 흥미로울 것 같았다. 또 흄의 경험론, 그 중에 특히 개인적 정체성의 문제와 대승불교 사이에 유사점이 많이 말해져왔으므로 나도 그 점을 탐구하고 싶었다. 비불교도들이 불교도에게 묻는 그 첫 번째 질문에 해당하는 것이 환생이다. 힌두교가 말하는, 육체의 죽음에도 살아남아 다른 육체로 다시 태어나는 개인적인 영혼을 붓다는 거부했다. 이 사실을 알게 된다면, 그 비불교도들은 그렇다면 다시 태어나는 것은 무엇인지 물을 수밖에 없다.

자키 슈가 합류해 불교대학과 우리가 수업하는 모습과 내가 카르마파와 토론하는 모습을 촬영했다. 그녀가 사진을 찍어도 괜찮겠냐고 여쭈었을 때, 카르마파는 "물론이지요. 익숙한 일인걸요."라고 대답했다. 정말 그럴 것이다. 사진을 찍든 안 찍든 그는 똑같이 편안해보였다.

흄의 경험론은 매우 간단하지만 그 함축하는 바가 크다. 흄에 따르면 모든 지식은 경험에서 나온다. 더 정확하게 말하면 감각에 의한 지각과 느낌들이 먼저고, 오직 그것들로부터 관념(idea)들이 나온다. 합리론자들이 주장하는 본래적인 관념 같은 것은 없다. 오히려 관념들이 모두 그 원래의 지각 혹은 지각들로 환원될 수 있다. 그러므로 우리가 영혼(soul)의 관념을 갖고 있다면, 우리는 그 관념을 부른 지각 혹은 지각들을 보여줄 수 있어야 한다.

영혼 자체를 감각으로 지각할 수 없음에도 영혼이 우리 경험의 기반이라고 주장하는 것은 알다시피 분명 터무니없다. 하지만 영혼 관념을 부른 지각들을 아무리 보여주려 해도 우리는 다른 지각들 혹은 관념들만 말하게 될 뿐이다. 심지어 우리 경험의 기반인 무언가가 있다는 생각조차 그 다른 관념일 뿐이다. 경험 너머 무언가가 있다고 주장하는 것 자체가 경험 안에서 이루어질 수밖에 없기 때문에 당연히 그 주장은 불합리하게 된다. 흄이 다음과 같이 말한 것을 보아도 잘 알 수 있다.

"내 자아(myself)에 대한 반성을 해보면 나는 (다른) 지각 혹은 지각들 없이 이 자아(self)를 결코 지각할 수 없다. 그러므로 자아(self)를 형성하는 것은 그 지각들의 합성이다."[12]

데카르트는 생각이 존재함을 의심할 수 없다고 주장할 수 있다. 하지만 경험론자는 데카르트가 그것에서 나아가 생각을 하는 자라는 실체가 있다고 말하는 것은 단지 더 많은 생각, 더 많은 관념의 표현일 뿐이라고 지적할 수 있다.

개인적 정체성에 대한 흄의 입장에는 문제가 있었다. 하나의 객체 혹은 장면을 이해하는 데 지각들의 종합과 지각들의 인과론적인 순서가 전제되는 개념은 지각들 사이의 관계를 인식해야 한다는 뜻이기 때문이다. 그런데 흄의 주장대로 각각의 지각이 기본적으로 다른 지각들과 관계없이 개별적으로 존재하는 것이라면, 그 관계 자체를 설명하기가 힘들어진다. 관계를 증명하려면 또 다른 지각이 필요하고, 그러면 그 관계와 그 지각의 관계가 문제가 되고, 그러면 또 다른 지각이 필요하고…. 이렇게 끝없이 이어지는 것이다. 영혼 개체의 증명만큼이나 관계도 그 직접적인 증명이 어려워 보인다. 이에 흄은 다음과 같은 결론을 내린다.

"이 경우, 우리의 지각들이 본래적으로 무언가 단순하고 개인적인 것이든, 정신이 그 지각들 사이의 무언가 실재적인 연관성을 지각하든 문제는 없을 듯하다. 나의 경우 회의론자의 특권을 요청해야 하고 내가 이해하기에는 너무 어려운 문제임을 고백해야 한다."[13]

이와 같은 인식론상의 세세한 차이점들을 넘어선 의도들도 있었다. 데카르트는 죽음에서도 살아남는, 육체와 분리되는 영혼이 존재함을 합리적으로 증명했다. 그러므로 자신의 철학이 기독교적 신학을 지지한다고 말했다. 그런

철학에는 개인적인 정체성이 필수이다. 그런 신학적인 문제를 차치하더라도 경험론의 입장은 지금까지 보아왔듯이 문제를 갖고 있다.

흄의 관점에서 보면 시간과 함께 변하면서도 지속되는 나는 누구인가? 혹은 무엇인가? 늘 변하면서도 연속적인 경험들이 있지만 그렇게 지속 혹은 반복되는 것은 무었인가? 무엇 때문에 우리는 "내가 바로 어제의 그 사람이고, 사실상 몇 년 전의 그 사람이고, 어쩌면 죽음 후에도 살아남을 그 사람이야."라고 말할 수 있는 것일까? 모든 경험은 다른데 무엇이 같은 것일까?

데카르트와 흄 사이의 이런 문제는 새로울 것이 없다. 사실 이 문제는 수백 년 동안, 아니 붓다 자신이 그의 시대와 우리의 시대에 널리 퍼진 개념, 즉 각자는 개인적 영혼을 갖는다는 개념을 거부한 이래 수천 년 동안 계속되었던 많은 논쟁과 뒤이은 사상들의 또 다른 시연인 것이다. 그런 의미에서 수업 시간에 한 스님이 큰 고심 없이 죽음 후에도 살아남아 다시 태어날 개인적인 영혼이 있다고 말했을 때 나는 좀 놀랐다. 그 생각에 동료 스님들이 점잖게 반대했지만 카르마파는 단지 조용히 듣고만 있었다.

수업 후 토론시간에 카르마파는 그 이유를 말해주었다. 그는 지속되는 개인적 영혼이 있다는 주장도, 경험의 무더기만 있을 뿐이라는 주장도 기껏해야 상대적인 지식일 뿐이라고 했다. 둘 다 설득력은 있다. 자아를 지속되는 개별적인 영혼이라고 생각하면, 내가 어떻게 어제의 나와 같은 사람인지를 설명할 수 있고 환생 개념도 이해할 수 있다. 좀 더 사려 깊다 할 수 있는 그 반대 주장은 어떻게 우리가 자아를 구성하는 엄청난 경험의 무더기를 넘어 비개인적인 불성의 고요함으로 나아갈 수 있는지를 좀 더 분명히 보여준다. 욕망과 실망이 함께 하는 개인적 영혼의 개념이 우리를 윤회(samsara)에 얽매이게 하는 속박 중에 하나이니까 말이다. 붓다가 첫 번째 주장을 분명히 거부했으므로 나는 성하님에게 두 번째 주장을 좀 더 설명해 달라고 부탁했다.

성하님은 이 세상에서의 자아란 마음의 흐름 같은 것이라고 했다. (나는 즉시 윌리엄 제임스의 '의식의 흐름' 사상을 떠올렸다.) 그리고 그 자아는 한 생의 인과론적인 요소들에 의해 만들어지기 때문에, 그 원인들(카르마)이 그 생을 넘어 지속적으로 그 효력을 발휘하는 것으로 우리가 말하는 또 다른 자아를 만들어낼 수 있다. 우리가 매일 매년 지속되는 자아처럼 보이는 것은 그 인과론적 지속성 때문이다. 그리고 그 인과론적 양식은 하나의 개별적인 삶 그 너머까지 지속될 수 있다. 아쉽게도 이제 막 불교의 큰 주제 하나로 들어왔는데 시간이 없었다. 카르마파는 다른 해야 할 일이 있었다.

나는 혼자 이 장의 처음에 말했던, 이야기로서의 자아 개념으로 넘어갔다. 문학 작품의 사려 깊은 독자라면 하나의 인물을 만드는 원인들을 찾아낼 수 있을 것이다. 그리고 당연히 그 원인들이 그 다음에 읽을 때도 그대로 적용되고, 따라서 그 인물은 같은 인물이 되는 것이다. 이야기 속 인물의 비유가 조금이라도 설득력이 있기 바란다. 이 비유와 비교될 만한 것으로 흄은 이런 말을 했다.

"정신은 일종의 극장이다. 그 곳에 여러 지각들이 연속적으로 나타났다 지나가고, 미끄러져 나가고, 끝없이 이어지는 다양한 자세와 상황들 속에 섞여 들어간다."[14]

그러므로 경험론은 어디까지 갈 수 있을까? 경험론은 경험의 기반이 되는 것을 탐구할 수 없으니, 힌두교도와 데카르트주의자들이 말하는 실체로서의 영혼을 발견할 수 없다. 경험론은 경험을 넘어 지속적인 개체(unity)로 나아갈 수도 없고 의심과 회의를 넘어 궁극적 진리로 나아갈 수도 없다. 흄은 회의론적인 타협에 만족했다.

경험론의 한계는 그뿐만이 아니다. 각각의 지각이 개별적으로 존재한다는 흄의 주장도 시험대에 올려볼 만하다. 지각은 정말로 그렇게 개별적일까? 이것은 경험적으로 타당한 주장인가? 흄이 경험론자로서 좀 더 세심했더라면 우리가 보는 타원형의 시야 속에 오직 작은 부분만이 선명하고, 따라서 그 부분만 뚜렷한 존재로 보임을 알았을 것이다. 우리가 그 무엇을 뚜렷하게 구별되는 것으로 볼 수 있는 것은 그것이 우리가 집중하는 시야의 중심에(예를 들어 지금 당신의 근처에 있는 책의 귀퉁이) 있기 때문이다. 그리고 그 중심에서 조금이라도 벗어난 것이라면 (예를 들어 그 책 표지에 있는 제목) 그 모양과 색깔이 불분명해지고 그러면 읽을 수도 없게 된다. 아니면 이 책의 지금 바로 이 문장에 단어 하나, 아니 글자 하나만 집중해보더라도 그 글자 혹은 단어의 옆이나 위아래의 글자들은 초점을 바꾸지 않는 한 흐릿해서 읽을 수 없음을 알 수 있을 것이다. 중심에서 멀어져, 늘 거기에 있지만 불확정한 주변으로 갈수록 시야는 전반적으로 흐릿해진다. 우리가 보는 방식이 그러하며, 우리는 보통 집중하는 그 중심에만 관심을 둔다. 그렇기 때문에 주변의 흐릿하지만 더 방대하고 더 넓은 모습들과 우리의 그런 지엽적인 시각 그 주변과 그 너머의, 그 완벽하게 불확정하지만 우리 모든 지각의 토대가 되는 것들은 무시한다.

우리는 주변의 빈 공간은 거의 알아채지 못한다. 사실, 거의 항상 알아차린다는 것은 분명한 인식이 가능한 시야의 중심 부분에만 항상 주의를 집중한다는 뜻이다. 흄이 말한, 따로 구별되어 관계를 결여한, 경험적으로 주어지는 독립적인 지각들의 유일한 예가 바로 이 뚜렷한 중심이다. 그렇게 중심만을 말할 때 흄은 그런 지각들의 연속에서 관계를 발견할 수 없고, 따라서 그것들은 흩날리는 색종이 조각들만큼 혼란스러운 것이 된다. 시각에 의한 지각들은 그 사이 사이에 분명한 선이 있는 서로 구분되는 존재들이 아니다. 그것들은 흐릿하기 때문에 개별적이라고 하기 어려우며 연속체를 이룬다. 결론적으로 흄은 충분히 섬세한 경험론자가 아니었다. 이제 이 섬세한 경험론으로 경험론이 어디까지 갈 수 있는지 살펴보자. 여기서는 계속 시각에만 집중하기로 한다.

이것은 내가 스님들과 해보았던 실험이다. 차분히 앉아 특정 지점(예를 들어 다시 책의 귀퉁이)에 집중하자. 그 외 다른 것들을 더 분명히 보려고 눈동자를 움직이지 않는다. 앞에서 말했듯이 계속 그 귀퉁이에 집중하면, 그 지점에서 주변으로 2센티미터 떨어진 곳이라도 흐릿해지고 불분명해질 것이다. 어떤 심리학자가 증명했듯이 한 지점에 초점을 집중하려 해도 눈은 그 지점 주변을 춤추며 돌아다니기 바쁘고 따라서 우리는 그 지점에 집중하느라 눈을 삼각형으로 찌푸리게 되어 있다. 그 상태를 한동안 유지하기 바란다. 그 다음 마치 지평선을 보듯 눈을 지긋하게 떠보자. 눈동자의 댄스를 멈추고 삼각형 모양의 눈의 긴장을 풀어라. 그렇게 하기까지는 시간이 좀 걸릴 것이다. 이제 그 중심에서 분명히 보였던 것을 포함해 모든 것이 흐릿하고 불분명해질 것이다.

지금 여기서 나는 오랜 스승인 F.S.C. 노스럽(Northrop)의 선례를 따르고 있다.[15] 노스럽은 그 흐릿하고 부정(不定)

이며 타원인 시야를 '서로 구분되는 미학의 연속체'라고 불렀고, 여기서 미학이란 시각에 의한 지각을 뜻한다. 따라서 지각이 서로 구분되지만 연결되어 있다는 뜻이다. 이 첫 단계는 대체로 쉽게 도달할 수 있다. 사실 수업을 듣는 학생들 다수가 졸려서 이 단계에 종종 도달하는 것 같다. 어려운 철학 책을 읽는 독자들도 종종 이 단계에 도달한다.

자, 좀 더 탐구해보자. 분명하게 초점이 맞는 것은 이제 아무것도 없다. 우리가 대면하고 있는 것은 흐릿한 모양과 색깔들의 연속체이다. 우리의 타원형 시각의 바깥쪽 끝으로 갈수록 색깔은 거의 구별되지 않는 빛과 어둠으로 축약되며 모양은 거의 완전히 사라진다. 다음 단계는 인내심이 좀 더 필요하다. 나도 실제로 경험할 거라고는 거의 기대할 수 없는 것을 생각해야 하기 때문에 다른 사람들의 묘사에 의지할 수밖에 없다. 이 단계에서는 모든 모양과 색깔이 서로 구분되지 않는 연속체로 녹아들어간다. 보통 중국의 풍경화 속 여백처럼 서로 똑같은 베이지색이 된다.

다음에 가능한 단계는 상당한 인내심을 요구하고, 지금 여기의 우리는 그 단계를 생각만 할 수 있다. 그 타원형의 베이지 연속체는 여전히 그 주변의, 색깔도 모양도 완전히 결여된 부정(不定)과 구별된다. 더욱이 지각자와 지각 대상인 그 연속체 사이의 구분도 여전하다. 주객 관계가 여전한 것이다. 이 두 구분은 좀 더 대단한 인내심을 발휘할 때

113

단계적으로 사라진다. 지각의 연속체는 이제 베이지도 아니고 더 이상 관찰자에 의해 지각되지도 않는다. 주체가 그 구분 없는 연속체와 구분되지 않는 것이다. 이것이 바로 순야타(Shunyata 空)?

드디어 서양의 경험론이 그 한계를 넘어 동양의 해탈 사상과 만나게 된 걸까? 도발적일지라도 그 첫걸음 정도는 뗀 건지도 모르겠다. 이 과정에서 우리는 가능하다는 것들을 짐작하는 데 의존하며 그 가능성들을 하나씩 추적해나가기는 했지만, 그 실제적인 획득은 훨씬 더 많은 훈련과 길고도 긴 시간이 필요할 것이다. 그리고 물론 시각 그 이상의 것들이 관여할 것이다. 우리가 짐작밖에 할 수 없는 곳, 그 근처에서 불교도들은 시작한다. 생각과 느낌들이 뒤얽힌 혼란스러운 자아가 불교도가 제일 먼저 타파해야 하는 장애이기 때문이다. 주체가 부정(不定)으로 녹아들어갈 수 있다고 말하기는 쉽지만 그런 자유를 획득해 비개인적인 불성이 되는 것은, 감히 말하는데 매우 드문 일이다.

스님들은 수업에 집중했고 감사를 표했지만 감동을 받은 것 같지는 않았다. 나는 그들이 나 같은 서양인이 동양의 사상을 이해하려고 애쓰는 모습을 보는 것은 내가 그들이 기하학 문제를 풀려고 애쓰는 모습을 보는 것과 비슷한 게 아닐까 생각했다. 나는 스님들의 교육과정에 수학을 더 많이 포함시켜야 한다고 감히 제안했고, 스님들도 서양의 교육과정에 내가 방금 설명한 좀 더 세심한 경험주의를 더 많이 포함시킬 것을 제안했다.

사원에는 해탈의 상태 같은 고요함이 팽배했지만, 또 다른 종류의 경험론을 떠올리게 하는 특이나 시끌벅적한 일도 매일 벌어졌다. 매일 오후 저녁 공양 전 스님들은 마하깔라라는 예불 혹은 기도(puja)를 드리기 위해 그 아름다운 사당으로 모여들었다. 그곳에서 스님들은 중앙에 위치한 불상 양쪽에 두 줄씩 네 줄을 이루어 앉아 노기등등한 신 마하깔라에게 바치는 경전을 가락에 맞게 읊었다. 그 반복적인 멜로디가 매우 편안했고, 흠, 황홀하기까지 했다.

　　그러다 예불이 끝날 때쯤 되면, 스님 두 분이 각각 지름이 1미터가 넘을 것 같은 색색으로 장식된 북을 격렬하게 두드린다. 그럼 또 다른 스님 두 분이 바닥까지 닿는 길고 화려한 나팔을 불기 시작한다. 북소리는 저주파에 그 강도가 매우 세서 그 소리는 과연 귀로 듣는 만큼 온 내장으로도 느낄 수 있기 때문에, 몸 전체가 내면에서 인상적으로 반응한다. 나팔들은 금속성의 낮은 저음으로 시작해, 급기야 귀에 거슬리는 날카로운 고주파의 배음으로 바뀌며 천둥 같은 북소리에 음속 번개로 반응한다. 뱃속과 머릿속에 울려 퍼지는 그 소리들은 남아 있던 모든 이기적인 생각들을 없앤다. 그 소리가 그 방 안과 쉐드라 주변의 공기와 먼 산들까지 가

득 메울 때, 우리는 조화 속으로 아니 근처에 있는 모든 존재와의 합일로 나아간다.

종교적 의식은 대부분 어떤 방식으로든 모든 감각 혹은 대부분의 감각에 호소하고, 그 반복과 감각적인 힘으로 우리를 깊은 인식으로 안내한다. 티베트 경전을 이해하지 못함에도 마하깔라는 내가 본 가장 인상적이고 기억에 남는 예불이었다. 그런 강렬한 경험을 생각해보면 사실 경험론은 매우 멀리까지 나아갈 수 있다. 그런 경험의 교육학적 효과는 매우 인상적이지만 구체화하기 어렵다. 이 고대의 의례는 지성과 본성을 망라한 우리 존재 전체에 영향을 주고, 그래서 스님들 사이의 친화와 단합도 높이는 것 같다.

내가 스님들의 교육 과정에 대해 말할 수 있었던 것은 내가 오직 외부인의 눈으로 그들을 들여다보았기 때문이다. 불교대학은 불교를 공부하는 고급 과정의 학생들을 위한 곳이고 어려운 불교 사상들을 가르친다. 내가 아는 한 그 가르침들은 모든 면에서 우리의 대학 내 서양철학 수업만큼 따라가기 어렵고 복잡하다. 거기에 덧붙여 스님들은 명상 수행도 하고 앞에서 언급했던 논쟁 수업에도 활발하게 참여한다. 그 결과 스님들은 겉보기에도, 속으로도 행복해 보인다. 스님들은 언제나 미소를 짓고 잘 웃으며 심성이 믿을 수 없을 정도로 곱다. 그들의 교육 과정은 놀랍도록 전인적인 인간을 배출하고 스님들은 서로 형제처럼 지낸다. 나에게는 익숙한, 동료들 간의 긴장이나 질투, 경쟁은 거의 없다. 스님들은 그곳에서의 교육, 동료들과 함께 하는 삶을 즐기는 것 같았다.

그러므로 경험론은 어디까지 갈 수 있을까? 흄과 함께라면 개인적인 개체로서의 영혼이 아닌 경험의 서사로써 정의되는 자아를 인정하는 정도까지 갈 수 있다. 하지만 마하깔라의 강렬한 의례 경험에서 알게 되었듯이, 경험론을 좀 더 넓은 관점으로 보면 개인적인 경험의 서사를 넘어 더 깊은 자아를 떠올릴 수도 있다. 명상 수행으로 그 더 깊은 자아에 도달할 수 있고 그 도달을 사실상 궁극의 경험인 하나의 경험이라고 할 수 있다면, 경험론으로 우리는 주객 관계 너머의 자유와 쾌락 너머의 행복으로 나아갈 수도 있다.

회의적인 데이비드 흄이 명상하는 모습을 상상하면 물론 약간의 쾌락도 느낄 수 있다.

5장

시간이란 무엇인가?

시간 감각은 우리 자신과 세상에 대한 반성에 매우 기본적인 것이라서, 우리는 시간을 당연하게 여긴다. 다른 문화권의 사람들이 우리와 다른 시간 감각을 갖고 있음에도, 우리는 그것을 머리로는 받아들일 수 있어도 그것이 정말 어떤 것인지 상상하기는 어렵다. 우리는 태어나 자라 근근이 살기도 하고 잘 살기도 하다가 죽는다. 이런 과정은 피할 수 없는 냉혹한 현실이다. 죽음 후에는 어쩌면 그 어떤 다른 곳에서 더 긴 삶이 기다리고 있을지도 모른다. 다른 방식은 상상할 수 없다. 그렇지 않나? 모든 것이 아무리 변해도 이런 양식만은 변하지 않는다. 아니면 전생의 업으로 다시 태어나 자라 근근이 살거나 잘 살다가 죽고 그 양식을 거듭 살기 위해 또 태어날 것이다. 이런 순환은 깨달아 이 윤회의 세상을 벗어날 때까지 계속된다. 다른 방식은 상상할 수 없다. 그렇지 않나? 모든 것이 아무리 변해도 이런 양식만은 변하지 않는다.

서양의 문화와 사상을 형성하는 직선적인 시간 감각은 동양의 문화와 사상을 형성하는 순환적인 시간 감각과 대조적이다. 이런 대조는 수세기 동안 이어져왔다. 그렇다면 다른 모든 것이 변해도 이런 대조만큼은 변하지 않았다고 말할 수 있을 것이다. 그렇다면 시간은 직선적인가 순환적인가? 시간은 어느 쪽인가?

인도는 현대에도 눈에 띄는 역사학자를 배출해내지 못

했다. 하지만 역사학자의 관점에서 보면 고대부터 이 세상의 그 어떤 나라보다 다양하고 풍부하고 의미 있는 역사를 만들어왔다. 그런 인도임에도 연대기 작가는 좀처럼 찾아볼 수 없다. 심지어 현대에도 인도 문화에 역사적 인식은 거의 찾아볼 수 없다고 말하는 사람이 많다. 에릭이 역사를 내 강의 주제로 삼아달라고 했던 이유도 바로 그런 서양과는 다른 흥미로운 점 때문이었다.

나는 헤겔의 『역사철학강의』의 골자만 추려서 전달했다. 과학이 자연 세계의 방대함 속에 합리적인 양식이 있음을 보여주었으므로, 인류 역사의 방대한 풍경 속으로부터도 합리적인 양식을 기대하는 것이 합리적이라는 헤겔의 주장을 분명하게 전달하는 정도면 충분했다. 다행히도 헤겔은 그 양식을 찾았는데, 그 양식은 직선적일뿐만 아니라 진보적이기도 했다. 역사는 정립과 그 정립이 야기하는 반정립과 뒤이은 종합의 행진이다. 그 종합은 다시 정립이 되어 반정립을 야기하며, 그렇게 최종적으로 완벽하게 정리된 종합 상태가 나올 때까지 역사는 계속된다.

마르크스에게도 헤겔과 다른 그의 그 모든 사상에도 불구하고 그 유사한 양식만큼은 이어졌다. 마르크스에 따르면, 역사는 봉건주의에서 자본주의로 넘어갔고 자본주의에서 최종적으로 사회주의가 나왔다. 역사가 변증법적 과정이라는 이 대이념적 시나리오가 헤겔 이후에도 역사의 실질적인 향방으로 이어졌는가는 확실히 논쟁의 대상이다. 하지만 어느 쪽이든 서양 문화에 진보의 개념이 과거에도 지금도 일반적인 것만큼은 어느 정도 사실이라고 말해야 할 것 같다.

　내가 강조하고 싶었던 주제가 바로 이 서양의 진보 개념이었다. 스님들은 헤겔에게서 대단한 인상을 받은 것 같지는 않았다. 하지만 우리가 경험할 수 있는 것들을 예로 들자, 진보 개념에는 익숙해졌다. 서양의 젊은이들만큼 스님들도 기술의 발전에 예민하다. 성능 좋은 무선전화기, 카메라, 음향장치, 자동차, 비행기 등등. 문화적 여파를 차치하더라도 기술적 진보는 분명히 존재한다. 앞에서 나는 과학의 발전과 과학적 방법론이 어떻게 바로 과학적 진보의 동력이 되어왔는지 강조했고, 스님들은 그런 점들을 충분히 잘 이해했다. 그렇다면 그런 발전이 불교의 더 넓은 시간 개념을 위협할까?

　그렇지는 않다. 시간에 관해서라면 문화적인 동화가 매우 포괄적으로 이루어지기 때문에, 다른 종류의 시간 감각에 대해 듣기만 해도 그것은 곧바로 기존의 구조 속에 안착한다. 우리의 경우 불교의 시간 개념이 순환적이라는 말을 들으면, 자동적으로 우리의 직선적인 시간 개념 속으로 그 불교의 시간 개념과 뒤이은 역사에 대한 관점을 들여놓는다. 그리고 그런 역사적 관점 때문에 그것을 고대의 흥미로운 관점으로 보지만, 그럼에도 불구하고 시간에 대한 하나의 관점으로 받아들인다. 그렇다고 해서 실제로 순환적인 시간 속에서 살며 생각하는 것이 어떨지를 안다는 말은 결코 아니다. 반대로 불교도도 계속 불안한 눈으로 시계와 달력을 보며 계획대로 가려고 애쓰는 우리를 놀랍고도 이해할 수 없다는 듯 쳐다볼지도 모르겠다. 우리의 시간 감각을 불교도들은 그 정도로는 보고 이해할 수 있지만, 그들도 이 직선적인 시간 속에서 급한 일에 치이며 살고 생각하는 것이 진정 어떤지는 알지 못할 것이다.

우리는 새 기술, 새 기기의 사용 면에서나, 연예, 경제, 정치, 예술 방면에서나, 과학적 발전과 새 철학 사조에 대해서나 늘 최신 유행을 좇아야 하고 뒤처지지 않아야 한다. 불교적 관점에서 볼 때 이런 종류의 급한 일은 없다. 불교도들도 이번 생을 더 나은 다음 생을 준비할 기회로 보고 따라서 그 기회를 낭비해서는 안 된다고 생각하지만, 시간이란 결국 환상이기 때문에 우리처럼 급한 일들에 시달리지 않아도 된다.

서양의 시간 감각은 예를 들어, 플라톤과 아리스토텔레스의 사상에서처럼 원래는 순환성이 지배적이었다. 그 후 스토아 학자들과 고대의 기묘한 기독교 신학자 오리게네스도 엄격하게 반복 순환적인 시간 개념을 생각해냈다. 후대의 니체조차 똑같은 것으로의 영원한 회귀라는 비전을 제시했다. 하지만 주류 기독교의 관점은 직선적인 시간이 지배적이 되는 쪽으로 바뀌었다. 시간은 창조에서 시작되었다. 역사는 아담과 이브가 영원한 낙원에서 끝없는 노역의 삶으로 떨어졌을 때 시작되어, 구세주의 탄생으로 이어졌다가 최후의 심판으로 끝난다.

역사는 직선적이고 유한하며 신성한 드라마 같은 것이다. 시작이 있고 중간이 있고 끝이 있다. 그리고 우리는 그 중간과 끝 사이 어디쯤에서 살고 있다. 모든 순간이 중요하다. 사용료를 요구하는 시간의 종소리가 매 시간 죽음과 최후의 심판의 날에 우리가 회개할 시간이 한 시간 줄어들었다고 말한다. 삶은 장난이 아니다. 삶에는 목적이 있다.

매 순간이 중요하고 역사가들은 그렇게 금방 지나가버릴 퍼레이드를 설명할 준비가 되어 있다. 예전에는 그런 묘사가 신성한 드라마의 일부였지만 지금은 냉정한 객관성을 유지한다. 현재 역사는 학과목의 하나이고 역사학자들은 심지어 헤겔 이후에도(어쩌면 헤겔에 대한 반동으로) 삶의 궁극적 목적을 지적하는 일을 삼갔다. 과거에도 현재에도 복잡한 원인과 결과로 밝힐 수 있는 지나가버릴 장면들이 있기 마련이므로, 이제 역사가들은 신성의 드라마는 신학자들 몫으로 남겨둔다. 하지만 성(secred, 聖)과 속(secular, 俗)의 대조가 어떤 방식으로 간주되고 논쟁되었든 그 공통 기반이 시간의 직선성인 것만큼은 사실로 남는다.

지금 돌아보니 다윈의 진화론을 심도 있게는 아니더라도 최소한 도표 몇 개 정도는 그려서 인류 진화의 연속성을 보여줬으면 좋았을 거라는 생각이 든다. 진화론을 대강 설명하고 그 진화론이 보여주는 시간의 직선성을 강조하기는 했다. 하지만 여기서도 앞으로 보게 되겠지만 스님들은 그 반대인 퇴화의 이야기로 이 문제에 공헌할 준비가 되어 있었다.

앞에서 보았듯이 과학적 방법론의 논리에서는 형식면에서나 목적면에서나 거듭되는 연구가 중요하다. 과학은 끝없이 계속 전진하는 것이다. 과학의 목적은 이제 단지 계속 해나가는 것이다. 과학은 지식의 피라미드 꼭대기 극점 같은 궁극의 공식, 그 최후의 설명을 향해 오르는 것이라던 고전적인 생각은 연구 자체를 계속하는 것에 초점을 맞춘 좀 더 겸손한 방식으로 대체되었다. 연구자들은 이제 더 이상 발맞추어 분열식으로 가두행진을 할 필요도, 고대의 피라미드 위를 오를 필요도 없다.

　과학적 연구가 어떤 방식을 보이든 과학이 옛날보다 지금 더 많은 것을 설명할 수 있고 미래에는 지금보다 또 더 많은 것을 설명할 것임은 엄연한 사실이다. 기술도 과학에 보조를 맞추며 발전한다. 아니 과학과 기술은 서로 동반자 관계에 있다. 의학과 치의학의 발전은 확실히, 그리고 고맙

게도, 부정할 수 없다. 진보는 분명히 있고 진보는 곧 직선적 시간을 의미한다.

수세기 전, 인도의 철학자들은 원자에 관한 사실주의적 관점과 실증주의적 관점을 논했다. 서양의 철학자들도 그 훨씬 후인 갈릴레오와 흄 이후에 이 문제를 논한 바 있다. 어떤 사람들은 보이지 않는 미세한 개체들이 실제로 존재한다는 사실주의적 관점을 주장했고, 또 어떤 사람들은 원자 개념은 수많은 정보를 이해하기 위한 하나의 방법일 뿐이라는 실증주의적 관점을 주장했다. 나는 성하님에게 이 문제를 해결할 그 어떤 중도의 방법이 있느냐고 여쭈었다. 성하님은 그 즉시 한 단어로 대답했다. "연구!"

이 대답은 불교 사상이 관념의 충돌을 다루는 데 자주 쓰는 방식을 잘 보여준다. 어느 한 쪽에 호의적인 결정을 하거나 그 둘을 넘어서는 새로운 관념을 찾아내려 애쓰는 것이 아니라, 주의를 어떤 다른 것으로 바꾸는 것이다. 이는 수행에 방해가 되는 이론적 질문을 받았을 때 붓다가 종종 보여줬던 방식이기도 하다. 여기서 성하님은 연구로 주의를 바꾸었다. 이것은 새로운 관념이 아니라 하나의 활동으로 주의를 바꾼 것이다. 연구 활동 중인 사람의 사고 속에는 어느 한 쪽이 우세할 수 없다. 초점이 이론·가설에 있고 실험에 의한 증명에 있기 때문에, 철학적 관심은 필요하다면 나중에 생길 뿐이다. 연구를 강조할 때 진정한 진보의 개념이 최소한 과학에서는 명확해진다. 그런데 더 큰 그림 속에서도 그럴까?

시작과 중간과 끝이 있는 기독교적 시나리오 그 바깥, 즉 세속에서도 진보는 말해진다. 하지만 어디로 향한 진보일까? 우리가 원하는, 더 나은 생각으로의 진보일 것이다. 하지만 옥타비오 파스가 지적했듯이 그런 생각은 무너지고 있다. 파스는 두 번의 세계대전(그 외에도 많은 작은 전쟁들이 있었다)을 말하며 이렇게 썼다. "독이 된 강, 황무지로 변한 숲이 도시를 오염시켰고 영혼들을 떠나게 했다. 풍요로운 문명은 곧 아프리카와 다른 곳들의 기근을 의미한다." 파스는 이어서 이렇게 말한다.

> 종교는 대중의 아편이라던 맑스의 유명한 말이 여기에 적용될 만하고 더 정확하게는, 종국에 가서 인류를 마비시키고 멍청한 지복 속으로 수장시킬 텔레비전에 적용된다. 미래는 더 이상 빛나는 약속이 아니라 암울한 질문이 되었다.[16]

우리는 파스의 한탄을 이어받아 현재의 인류가 과거보다 더 나은 상태인지 현실적으로 의심해볼 수 있다. 전쟁이 점점 더 치명적이 되고 쓰나미, 지진, 허리케인, 전염병, 기근, 대학살, 테러리즘에서 환경오염과 지구온난화와 인구과잉과 가난, 질병, 부패, 범죄 중독, 불안, 권태, 경박함까지 생각해 볼 때 고통의 정도는 결코 덜한 것 같지 않다.

붓다는 조건화된 삶이 고(苦, dukkha)라고 했다. 나는 이 말을 재번역할 때, 우리가 과연 인간적인 수준에서라도 그가 의미한 바에 가깝게 갈 수 있을지 모르겠지만, 조건화된 삶이란 좌절된 삶이라고 말해보겠다. 좌절의 이면에 의지와 욕망이 있음을 우리는 쉽게 알 수 있다. 얻을 수 없는 무언가를 욕망하고 의도하기 때문에, 혹은 무상한 무언가를 붙잡아두려고 하기 때문에 우리는 좌절한다. 욕망과 의지는 기회들이 사라지고, 희망이 헛되게 되고, 성취한 것이 무너지고, 가진 것을 잃을 때 위협 받는다. 무상한 것에 매달리는 그런 시도들이 모두 의지와 욕망을 좌절시키고, 우리 안에 시간과 상황에 반하는 절박하고 그릇된 의지를 만들어낸다.

윤회에서 벗어나게 하는 붓다의 방법을 좌절로부터 벗어나게 하는 방법으로 보면, 내 개인적인 생각으로는 이해하기가 더 쉽다. 붓다는 우리가 괴로움의 뿌리인 의지와 욕망에 집중하기 바랐다. 좌절의 정도는 늘 똑같은 것 같다는 말은 안락하고 편안한 상태에 있는 사람들, 그러니까 괴로움 속에 있지는 않지만 여전히 기득권에 집착하는 사람들에게 더 맞는 말처럼 들릴 것이다. 그리고 결국에는 최후의 좌절인 죽음이 우리를 기다리고 있지 않는가?

　성하님도 좀 더 평온하기는 했지만 마찬가지로 어둡고 신랄한 평가를 내렸다. 우리는 쇠퇴의 시대를 살고 있다. 힌두교에 따르면 우리는 칼리 여신의 시대, 즉 불화와 갈등과 파괴의 시대에 살고 있다. 수업에서 스님 한 분이 이 시대를 보는 전통적인 입장을 말해주었는데, 이 긴(억겁에 해당) 쇠퇴의 시대에 우리는 결국 1미터도 안 되는 키로 줄어들고 10년 이상 살지 못하게 될 거라고 한다. 나는 자연 상태 인간에 대한 홉스의 유명한 묘사를 떠올렸다. 자연 상태 인간의 삶은 "고독하고 빈곤하고 더럽고 야만적이고 짧다."

　그 스님이 말해준, 상상 속에서나 일어날 것 같은 쇠퇴와 퇴화의 시대 이야기를 들은 후 나는 성하님께 신화 대 현실에 대한 질문을 드렸다. 그리고 다소 학문적인 방식으로 볼 때 어떤 의미에서 신화가 진실이 될 수 있는지를 살펴보자고 했다. 예를 들어 아담과 이브 이야기는 인간과 신 사이의 적절한 관계를 꽤 분명히 전달한다. 그런 의미에서 진실을 전달한다. 이때 이 이야기가 역사적인 사실이냐 아니냐를 따지는 것은 모욕적이다. 이 이야기가 중요한 진실을 전달함을 볼 수 있다면, 그것의 사실여부를 따지는 것은 핵심에서 벗어난다. 음악이 음파 그 이상인 것처럼 신화도 실제 역사 그 이상인 것이다.

　나는 사실과 허구의 문제를 좀 더 살펴보았고, 그때 성하님이 빙그레 웃으며 부드럽게 물었다. "그 차이점 말입니까?" 물론 차이는 있다! 우리는 실상을 기준으로 삼는데 그 기준에 비추어보면, 신화란 진실이 아니고 문헌적으로도 실화가 아닌 시적인 공상이고 허구라고 말할 수 있다. 그런데 명백한 사실이라는, 우리가 사용하는 그 기준 자체가 환상이라면? 그때는 무엇이 기준이 될 수 있을까? 불교 사상에서는 사실과 상상 둘 다 환상의 장막 안에 들어 있다. 냉정한 사실이라는 그 기준은 단지 지나가는 환상 장면의 하나일 뿐이다.

그렇다면 어느 쪽이 환상으로서의 자신의 상태를 더 적절히 전달하고, 궁극적 진리를 더 잘 지적하며 더 잘 열어 보여주는가? 대답은 쉽다. '분명한 사실'은 환상으로서의 자신의 상태를 전달하지 않고 사실 숨긴다. 그런 '사실'에 집중할수록 우리는 궁극적 진리에서 더 멀어진다. 신화는 좀 더 정직하다. 신화는 환상이지만 이 환상은 우리에게 궁극적 진리를 열어 보여준다.

내가 신화에 대한 이런 관대한 생각을 하고 있는 동안, 성하님은 앞의 그 스님이 말했던 신화를 이어 설명하면서 매우 즐거워하는 것 같았다. 피아니스트가 모차르트를 연주할 때 보이는 무언가 절제하는 듯한 미소를 보이며, 성하님은 우리가 존경하는 부처님 이전에 세 명의 부처님이 있었고 앞으로도 많은 부처님이 나타날 거라고 했다. 내 기억이 정확하다면 지구만이 아니라 전 우주에 앞으로 2만2천 명이 더 올 거라고 했다.

쇠퇴의 시대가 그 바닥에 다다르면 가깝게는 미륵불이 올 것으로 예상된다. 그 스님의 말씀처럼 우리의 키가 약 1미터 남짓으로 줄어들고 단 10년밖에 살지 못할 때가 오면 또 굉장히 큰 부처가 올 것이다. 순수한 자비심에서 그는 더 크게 더 오래 살다가 마침내는 수천 년을 살 수 있는 방법을 인간에게 보여줄 것이다. 성하님이 미소를 지었던 것은 그런 말을 선뜻 받아들이지 못하는 나의 신중함 때문이었을 수도 있지만, 더 정확하게는 이야기와 신화들이 진실을 전달하는 방법을 보는 것이 즐거워서였을 것이다.

신화는 보통 시공간적인 과장을 일삼으며 일상에 얽매인 우리의 상상력을 풀어준다(옛날 옛날에, 멀고 먼 나라에 등등). 그리고 힘도 과장하고(거인, 마술사 등등) 선과 악도 과장한다(성자와 악마 등등). 이런 과장 덕분에 우리는 일상에서 벗어날 수 있다. 하지만 무엇을 위해 우리의 상상력을 풀어주는 걸까? 자, 신화만큼이나 확장적인 하나의 진리를 위해서라고 말해보는 건 어떨까? 아니 어쩌면 좀 더 불교적으로 영원하고 무관점의 궁극적 진리를 위해서라고 말할 수도 있겠다. 어쩌면 우리도 이제 모두 각자만의 진리를 보고 약간의 미소를 지을 수도 있겠다.

천성적으로 편안한 성품의 성하님은 놀랍도록 차분하

고 신중하지만 그 섬세한 통제력 아래 뛰어난 상상력도 겸비하고 있다. 가장 좋아하는 영화가 무엇이냐고 에릭이 여쭈었을 때, 성하님은 〈반지의 제왕〉이라고 대답했는데 나는 그다지 놀라지 않았다. 성하님은 그 즉시 "어쩌면 신중한 대답이 아닐 수도 있겠네요."라고 했다. 우리는 둘 다 매우 신중하다고 확답했다.

역사는 그것이 사건의 흐름이든 교과과목이든 이 세상이 실재한다고 말하며 우리를 이 세상에 단단히 붙잡아둔다. 불교에서는 궁극적 진리로 향한 우리의 길에 과학이 방해이듯 역사도 그렇다. 우리는 풍성한 역사적 사건들에도 불구하고 왜 인도 문화가 역사를 무시해왔는지 의아해 했지만, 인도인들은 힌두교도 불교도 할 것 없이 우리가 왜 그렇게 역사를 중요하게 생각하는지 의아해 할 것이다. 역사는 상대적인 진리라 할 만하다. 역사를 매우 소중하게 생각한 나머지 근본적으로 더 중요한 것을 무시하는 것은 위험하다.

근본적으로 중요한 것은 영원한 진리이고 그 진리에서 먼 곳에 있는 우리는 윤회(samsara), 그 삶과 죽음과 고통의 고리 속에 붙잡혀 있다. 하나의 원에서 그 둘레가 시작도 끝도 없이 중심점을 도는 것처럼, 윤회도 매 순간 시작이면서 끝인 둘레 위에서 진리를 중심으로 영원히 돌아간다. 원의 둘레가 중심점으로 결코 갈 수 없는 것처럼, 자연 과학과 역사에 대한 생각과 매혹에 빠져 있는 한 우리는 결코 진리에 도달할 수 없을 것이다.

앞에서 우리의 직선적인 시간 감각이 불교의 순환적인 그것과 화해할 수 있을지 물었다. 그리고 현재의 상태를 평가하는 데 약간의 합의점들이 있음도 살펴보았다. 우리가 원하는 그 진보의 끝이 그렇게나 불분명하고 진보란 단지 단편적인 변화의 연속이며 십 년마다 새로운 스타일이 나온다면, 우리의 진보감각은 점점 더 무의미해질 것이다. 쇠퇴의 시대라는 불교적 역사의식도, 억겁이 지나면 더 나은 시대로의 전환이 온다고 해도 결코 더 밝은 그림은 아니다. 우리가 처한 상황을 사건들의 순환적인 흐름으로 보든 매 순간이 특별한, 끝없는 진보로 보든 큰 차이는 없다. 다람쥐는 쳇바퀴를 직선으로 도는가? 아니면 순환하며 도는가? 모든 것이 변하더라도 무의미한 진보(그러므로 무슨 진보?), 그 순환적인 반복만큼은 변하지 않는 것 같다.

서양적 관점에서 볼 때 현재 상황에 대한 이런 어두운 관점은 진지한 증명 혹은 수정이 필요하다. 우리가 만들어 온 진보가 그렇게 무의미한 것이었을까? 좀 더 전형적인 서양인의 목소리, 예를 들어 지구온난화 같은 당장 해결해야 하는 심각한 문제들에 대해 우리에게는 최소한 그 문제들 일부는 해결할 수단이 있다고 목소리를 높일 것이다. "해야 할 일이 있으므로 우리는 계속 앞으로 나아가야 한다. 지금은 체념할 때가 아니라 행동할 때이다. 궁극의 목적이 무엇인지 규명할 필요는 없다. 이 문제는 신학자, 철학자, 역사학자에게 넘기자. 지금은 더할 수 없이 분명한 눈앞의 문제들을 해결해야 한다. 그 문제들부터 어떻게든 해결해나가자." 이런 반응들은 분명 우리가 상당히 필요로 하는 유익한 반응들이고 어쨌든 서양에서는 여전히 강한 의견이다.

대조적으로 카르마파가 보는 것은 쇠퇴의 시대이고 인도 내 전반적인 시각이 그럴 것이다. 보도에 따르면 남인도의 경제적 발전이 최근에 눈부시지만 인도 내 전반적인 가난을 없애지는 못하고 있다고 한다. 우리가 쇠퇴의 시대에 살고 있다고 보는 것이 어떻게 지금 여기에 존재하는 특정 문제들의 심각성을 완화하는지는 나로서는 잘 모르겠지만, 억겁의 큰 그림으로 보면 현재의 심각한 문제가 확실히 덜 심각해 보일 것이다. 하지만 성하님이 보듯이 쇠퇴는 불가피하다. 쇠퇴를 멈출 수는 없고, 우리는 윤회를 받아들이듯 그 자체를 받아들여야 한다. 그래야 속세의 복잡함에서 깨달음의 자유로 옮겨갈 수 있다.

이런 광범위한 사변들과 관련해 한번은 우리의 요리사 다와를 통해서도 한 깨달음을 얻을 수 있었다. 우리가 다와를 처음 만났을 때 그는 우리의 이사를 도왔는데, 나는 그가 학생임에 틀림없다고 생각했다. 어렸고 옷도 잘 입고 영어도 곧잘 했으며 눈에 띄게 활발했기 때문이다. 내가 그에게 학생이냐고 묻자 다와는 명랑하게 대답했다. "저는 하인입니다." 그뿐이었다. 앞에서도 말했듯이 그는 정말로 카르마파 부모님 댁의 하인이었다. 그는 언제나 즐겁게 우리의 음식을 준비했고, 에릭과 내가 필요한 게 있을 때마다 우리를 시내로 안내했다. 그 외에도 이모저모로 많은 도움을 주었다. 에릭과 나는 당연히 뭐든 선물을 해 보답하고 싶었다. 다와가 나중에 돈이 생기면 컴퓨터 수업을 듣고 싶다고 했을 때 그것이 바로 우리가 주고 싶은 선물이라고 생각했다. 게다가 칼림퐁 시내에 있는 적당한 컴퓨터 학원도 알고 있었다.

컴퓨터 수업을 듣게 해주고 싶다고 했을 때 다와는 기뻐하는 것 같았다. 하지만 이상하게도 같이 학원에 가자고 했을 때는 흥미롭게도 주저함을 내비쳤다. 그럼에도 에릭과 내가 적극적으로 권했기 때문에 우리 셋은 학원의 사무실로 갔다. 그런데 들을 수업을 결정하고 수업료를 막 내려던 때에도, 이상하게 다와는 그 자리에 얼어붙어서 접수 서류에 서명을 하지 못했다. 나는 그것이 전진하기 전에 나타나곤 하는 뒷걸음질인지, 전혀 불교적이지 않은 카스트 개념의 유산인지, 그것도 아니면 내가 모르는 또 다른 양상의 파괴 때문인지 궁금했다. 한 번 하인이면 죽을 때까지 하인이라는 말을 들었는데, 여기서 우리는 매우 미국적으로 하인 한 명에게 교육적, 사회적, 경제적으로 발전할 것을, 그

135

렇게 현재 상태에서 신분 상승할 것을 재촉하고 있는 것이다. 솔직한 성격의 에릭이 사변에 빠진 내 정신을 번쩍 깨우며 "다와, 그냥 하세요!"라고 힘주어 말했다. 그것으로 다와의 주저함도 끝이 났다. 서명은 했지만 여전히 뭔가 불편한 듯 보였다. 그것은 사회적 신분 상승 대 안정의 문제처럼 보였다. 그리고 더 크게 보면 직선적 진보적 시간 대 반복적 순환적 시간의 문제처럼 보였다. 나는 그 수업이 다와에게 좋게 작용하리라 확신한다. 아니, 나는 미국식 침범일지라도 그 수업이 다와에게 좋게 작용하리라고 확신하고 싶은지도 모른다. 나는 쇠퇴의 시대를 사는 계급 사회일지라도 삶에 발전은 있다고 생각할 수밖에 없다. 결국 인도는 민주주의 국가이고 그 쇠퇴는 억겁의 시간에 일어날 문제인 것이다.

그 몇 달 후 다와가 컴퓨터 수업을 잘 마쳤다는 소식을 들었다. 이 일이 다와에게 어떤 새로운 가능성을 열어줄지는 두고 볼 일이다.

6장

동서양은 만날 수 있을까?

피타고라스가 그의 이름을 딴 그 유명한 '피타고라스의 정리'를 발견했을 때 전해오는 이야기에 따르면, 그는 큰 희생제를 치러 아폴로 신에게 바쳤다고 한다. 그럴 가능성이 없지는 않은 것이, 피타고라스의 정리는 그냥 평범한 정리의 증명이 아니라 정리 하나의 발견이자 증명 관념 자체의 발견이기 때문이다. 피타고라스는 모든 직삼각형에서 두 짧은 변에 만들어진 두 정사각형의 크기의 합이 그 가장 큰 변에 만들어진 정사각형의 크기와 같음을 증명했다. 고대의 측량사와 건축사들 사이에 각각의 세 변이 3:4:5 비율인 삼각형의 경우 항상 직삼각형이라는 것은 일종의 현장 지식으로 널리 알려져 있었지만, 피타고라스는 거기서 나아가 왜 그런지와 왜 모든 직삼각형에서 그런지를 보여주었다. 요컨대 피타고라스의 정리는 모든 직삼각형에 적용된다는 점에서 보편적이었고 현장 지식의 정리가 필요했다는 점에서 불가피했다. 이로써 하나의 과학으로서의 수학이 탄생했다. 그 후 수학뿐만 아니라 존재(beings), 개체, 사물들에 대한 것은 물론 존재(Being) 자체를 탐구하는, 현재 우리가 존재론이라고 부르는 분야에서도 파르메니데스가 지적으로 놀랍도록 명석한 증명을 하나 해냈다. 파르메니데스에 따르면, '존재하는 것은 존재한다'고 한다. 이보다 더 맞는 말이 있을까? (사실은 의문의 여지가 있지만 여기서는 흐름에 따르기로 한다.) 다음, '존재하지 않는 것은 존재하지 않는다'도 역시 맞는 말이다. 그리고 그 결과는 '복수(plurality)는 불가능하고 변화도 불가능하다'이다. 복수가 있으려면 단 두 개이더라도 그 두 번째는 존재와 다른 것이어야 하고 따라서 존재하지 않는 것이어야 하는데, 앞에서 말했듯이 존재하지 않는 것은 존재할 수 없기 때문이다. 또 변하려면 존재가 존재가 아닌 것이 되어야 하는데 존재가 아닌 것은 존재하지 않는 것이고, 앞에서 말했듯이 존재하지 않는 것은 존재할 수 없기 때문이다.

이 구시대적인 논리가 낳은 결과는 실로 대단했다. 순수 이성의 관점에서 보면 변화도 복수도 있을 수 없다는 결론이 나온 것이다. 많은 것이 변하는 이 세상은 단지 그렇게 보이는 것뿐이다. 변하는 것처럼 보이는 세상은 실재가 아니다. 그런 세상에 대해 우리가 하는 말도 단지 의견일 뿐지식이 될 수 없다.

파르메니데스와 가까웠던 제논은 운동이 분명히 존재한다고 말하던 파르메니데스 비판자들의 주장이 패러독스(역설)일 뿐임을 기꺼이 보여주었다. 제논의 전형적인 논증방식은 이렇다. "당신은 저 문으로 갈 수 없다. 왜냐하면 그곳에 가기 위해 당신은 먼저 그 반을 가야 한다. 그리고 그곳에 가기 위해 또 반을 가야 하고 또 반을 가야 하고 또 반을 가야 한다… 당신은 유한한 시간 동안 무한한 수의 반을 갈 수 없기 때문에 당신은 그곳에 절대 도달할 수 없다."

물론 우리는 그 문에 도달한다. 제논은 운동을 이해하려는 노력이 불합리함을 보여주려 했던 것이다. 그러므로 파르메니데스의 입장이 기묘하지만 맞는 것이다. 우리가 그 문에 도달하는 것처럼 보이기는 하지만, 운동 혹은 보통 생성이라고 불리는 것은 단지 그렇게 보이는 것일 뿐 실재가 될 수 없다.

존재와 생성, 지성과 감성, 실재와 현상, 본질과 현존, 합리론과 경험론, 선천성과 후천성, 이론과 실천은 서양철학의 상당 부분을 형성해온 구분들이다. 그리고 파르메니데스가 증명했던 그 최초의 구분이 정도의 차이는 있겠지만 이 모든 구분들의 기반이다.

존재와 생성의 대조를 한걸음 물러서서 생각해 볼 때, 우리는 불교 사상과 그 어떤 유사점을 볼 수도 있다. 두 사상 모두에서 존재는 변하는 현상의 세상(불교에서는 환상의 세상)과 대립되는 시간 너머의 세상을 뜻한다. 하지만 이런 유사함은 그 즉시 하나의 차이점을 떠올리게 한다. 파르메니데스의 주장은 순수 지성의 확실성에 의존하는 반면, 붓다는 텅 비고 순수한 마음의 비개념적이고 궁극적인 지혜에 의존하기 때문이다. 나는 여기서 동서양의 분기점을 본다. 파르메니데스와 붓다는 둘 다 기원전 6세기에 활동했다. 붓다가 파르메니데스보다 약 40년 전 사람일 뿐인데 이들은 지금까지 우리가 살펴왔던 대로 다른 길을 걸었다.

최종 호소의 대상이 근본적으로 다른 이 두 유형의 사상 사이에 공통점은 정말이지 없는 것일까? 그 사이에서 중도를 찾을 수는 없을까? 한 쪽에서는 개념화 너머, 주체가 객체를 품는다는 그 어떤 흔적도 없는 열린 공간으로 나아가야 깨달음이 온다. 그 아래 현상 세계에 상대적인 지식이 있고, 그 지식은 진리로 향하는 길에 방해가 될 수 있고 보통 방해가 된다. 다른 한 쪽의 서양 사상에서는 개념화에서 지적인 확실성을 찾는다. 그 너머의 것은 신비주의라 불리고 일반적으로는 허튼소리 취급을 당한다.

나는 헤겔론자들조차 이 정반대의 사고 유형 둘을 화해시킬 수 없을 것 같다. 그럴 수 있다고 해도 역시 지적인 명료함의 일종인 종합을 선호한 상태로 만든 화해일 것이다. 마찬가지로 아무리 현명한 불교도라도 '지성이 기껏해야 상대적인 지식이라서 궁극적 진리에는 미치지 못함에 틀림없다'는 생각을 버리고 중도를 찾으려 할 것 같지는 않다. 여기서 우리는 꼼짝달싹 할 수 없다. 교착상태.

최종 호소 대상을 약간 다르게 권위의 문제로 보면 움직임의 여지가 조금 생길지도 모르겠다. 중세시대, 가설들을 평가하는 데 최종 호소 대상은 교회 권력이었다. 교회 권력을 넘어서는 현대 서양 사상에서는 설득력 있는 주장이, 현대 과학에서는 일관성 있는 이론과 경험적 증거가 그 호소력을 갖는다. 잘 단련된 이성이 요구되는 것이다. 그런데 불교에서는 그 호소의 대상이 중세의 그것과 유사한 것 같다. 불교에서 최종 호소 대상은 깨달은 자고 그 중에서도 붓다이다. 붓다의 말은 최종적이다. 모든 지적인 분석은 궁극적 지혜에 미치지 못하기 때문에, 우리는 붓다 같은 존재에 도전하지 않고 복잡하게 비판하지도 반대 이론을 내세우지도 않는다. 우리는 깨달은 자의 말을 안내로 삼고 깨달음의 길을 걸을 뿐이다. 그 길에서 논쟁은 무의미하다. 이런 권위에의 호소는 현대의 서양적으로 생각하면 물론 구시대적으로 보인다.

하지만 그렇게 단순한 문제가 아니다. 교회 권력에 호소하는 것과 깨달은 자에게 호소하는 것 사이의 유사점은 다른 여러 점들에 의해 퇴색된다. 불교에서 최종 호소 대상으로 치부되는 그 권력은 사실상 우리 각자의 내부에 있고, 가정컨대 지각 있는 모든 존재 안에도 있다. 깨달은 자는 우리에게 우리 안에 있는 권력, 즉 우리의 진정한 자아로 향하는 길을 보여줄 수 있다. 그런 의미에서라면 경험이 풍부한 스승이 권위의 역할을 할 수 있다. 하지만 기본적으로 우리는 그 깨달은 진정한 자아, 그 최후의 권위, 그 궁극의 지혜를 스스로 깨우친다.

나는 수업에서 "붓다를 만나면 붓다를 죽여라."는 자극적인 법을 언급했는데, 스님들 중에 이 말을 들어본 사람이 아무도 없어서 놀랐고 스님들은 당연히 어리둥절해 했다. 선사라면 침묵하며 설명을 거부했겠지만, 선사가 아닌 나는 내면의 궁극적 진리로 향하는 길에서 다른 사람을 보는 것은 그 사람이 부처님이라도 방해가 될 수도 있다고 감히 설명해주었다. 모든 외부적인 호소는 제거되어야만 한다. 스님들은 이해하긴 했지만, 선사들이 우리가 상상하기를 바랐던 곳까지 가기에는 그들의 심성이 너무 고왔다.

이성과 최후의 지적인 명료함에 대한 서양의 호소, 그리고 진정한 마음과 궁극의 비개념적 지혜에 대한 동양의 호소는 둘 다 우리의 근본적인 본성이라고 여겨지는 것에 주목한다. 하지만 그 본성이 최후에 다다른 곳은 서로 다르다. 선험적 존재를 가정했던 것과 뒤이은 상기설에서 알 수 있듯이, 소크라테스도 최후의 권위는 우리 안에 있다고 보았을 것이다. 그때 지식은 우리의 근본 본성을 상기하는 것, 재인식 하는 것이 된다. 하지만 소크라테스에게 그 근본 본성은 이성이고 지성이었다.

우리는 다시 우리의 대주제로 돌아왔다. 우리가 동서양 사이의 일종의 화해 혹은 중도를 찾고자 한다면 과연 무엇에 호소할 수 있을까? 우리는 좌절할 수밖에 없고 아포리아〔aporia: 이러지도 저러지도 못하는 상태('막다른 곳에 다다름'이란 뜻으로 하나의 명제에 대한 증거와 반증이 동시에 존재해서 난관에 처한 상태 - 옮긴이)〕상태에 빠졌다.

그렇다면 방향을 돌려 최종 호소 대상으로 향하는 길

이 아니라, 깨달음 혹은 소크라테스의 경우 선의 이데아의 비전에서 우리의 일상 세계와 상대적 지식으로 내려오는 반대 방향의 길을 한 번 살펴보자. 우리는 앞에서 특정 지식에서 궁극적 지혜로의 이동, 즉 셰랍에서 예쉐로의 이동을 말한 바 있지만 그 반대 방향으로의 이동은 생각해보지 않았다. 예쉐를 성취하지 않는 한, 우리는 그 궁극의 지혜를 성취한 후 다시 일상의 세계로 돌아오는 것이 어떨지 상상만 할 수 있다. 하지만 그 한 예로 붓다를 볼 수는 있다.

우리는 이 세상이 환상이라는 말을 듣지만, 진정한 존재 상태에 도달할 때까지 그것을 확신할 수는 없다. 오직 진정한 존재 상태만이 이 세상을 실재가 아닌 환상으로 볼 기반을 제공한다. 그 진정한 존재 상태의 통찰이 있어야, 우리는 이 세상 그리고 붓다 같은 놀라운 명료함과 고요함을 가진 사람들을 평가할 수 있다. 붓다는 질문을 받을 때마다 질문자 내면의 생각을 꿰뚫고 그 사람에게 적절하게 대답해, 복잡한 속세에서 자유로운 지혜로 나아갈 길을 보여주었다. 혹 질문이 우리로 하여금 추상 혹은 속세의 세계에 갇히게 함을 볼 때는, 즉 더 많은 구속을 부를 뿐 아무 소용이 없는 망상적인 생각임을 볼 때는 대답하지 않고 침묵했다.

소크라테스는 자신이 얼마나 무지한지를 잘 알았다. 좋게 말하면 자신을 무지할 수밖에 없게 만드는, 자신의 이해가 닿지 못하는 곳, 즉 모든 존재의 궁극적 지성을 일견했다. 그러자 소크라테스는 인간의 운명을 더 분명히 볼 수 있었다. 그가 본 인간의 운명은 동굴 속에 묶여 바깥세계의 그림자와 울림만 보며 마치 그것이 실재인 양 추측하고 논쟁하는 것과 비슷했다. 삶이 결국 환상임을 분명히 본 소크라테스는 자신의 사명을 깨달았다. 사람들에게 적당한 방식으로 말하고 질문하는 것으로 그들이 등지고 있는 햇살 쪽, 나아가 궁극적 확실성 쪽을 돌아보게 했다. 그리고 때로는 대화가 무익하다고 보고 침묵하며 지나가기도 했다.

침묵에는 깊은 의미가 있다. 제자들에게조차 스승은 때로 침묵해야 한다. 붓다는 자신의 깨달음을 말로 표현할 수 없음을 알았다. 아무리 말하려 한들 깨달음의 성취를 전달할 수는 없었다. 하지만 붓다는 깨달음으로 이끄는 길만큼은 말해줄 수 있다고 보았다. 수행을 하고 또 할 때 제자는 공(shunyata)을 획득할 수 있지만, 제자의 그 최종 성취를 위해 스승은 한 걸음 물러나 침묵해야 한다.

마찬가지로 소크라테스도 자신의 말이 아무리 기술적으로 대단하다 하더라도, 상대는 반드시 자신의 힘으로 본질적인 통찰을 얻어야 한다고 보았다.

소크라테스는 바로 그 중요한 지점까지 메논을 데리고 갔지만 메논은 스스로 깨닫기에는 너무 둔감했다. 메논은 자신만의 이성의 힘을 반추해 낼 수 없었다. 따라서 소크라테스는 그에게 덕을 줄 수 없었다. 플라톤의 독자들에게는 메논보다 더 많은 행운이 필요하다. 잘 알다시피 플라톤의 대화들은 결정적인 순간에 침묵으로 일관하기 일쑤이다. 우리 스스로 해답을 찾아내야 하기 때문이다. 스승들은 침묵의 힘을 잘 알고 있었다.

확실성과 깨달음으로부터 돌아오는 길에서, 스승의 역할에 맞게 침묵하는 것으로 붓다와 소크라테스는 드디어 만나게 된 것일까?

앞에서 성하님과 나는 교육적 사명의 문제를 덮어두었는데 이제 살펴볼 때가 된 것 같다. 성하님은 깨달음과 열반 상태에 든 사람은 이 세상에 무엇으로든 돌아올 수 있다고 분명히 말했지만, 나는 붓다가 어떻게 돌아올 수 있었는지 뿐만 아니라 왜 돌아오려 했는지를 알고 싶었다. 비개인적이고 포괄적인 진정한 마음의 측면들을 생각하면 할수록, 그 마음이 모든 살아있는 존재에 대한 자비심을 기본적으로 갖고 있음에 틀림없다는 생각이 든다. 우리는 겨우 상상만 할 수 있는 토굴에 은둔한 채 앉아 있는 요기들처럼, 다른 모든 것들에서 벗어나 자아에만 몰두하는 것은 수단일 수는 있어도 목적이 될 수는 없다(고급 과정의 불교 수행이기는 하다). 혹은 개인적인 에고의 개념 자체를 떨쳐버리기 때문에, 개인적인 깨달음도 사라지고 따라서 열반을 개인적으로 즐길 수도 없게 되는 것인지도 모른다. 진정한 마음이 개인적인 에고의 마음을 능가할 때 나타나는 것은 궁극적인 지혜이기도 하고 모든 지각 있는 존재들의 공통성, 요컨대 자비심이기도 하기 때문이다. 붓다는 사람들에게 길을 보여주어야 한다고 확신했고 45년의 남은 생 동안 바로 그 일을 했다.

미국으로 돌아와서 이 문제에 대해 더 연구하다가 나는 이 문제를 직접적으로 다룬 캐런 암스트롱의 훌륭한 책 『붓다(Buddha)』를 읽게 되었다.[17] 캐런은 신화적 과장이 생생하게 담겨 있는 고타마의 깨달음에 대한 이야기를, 팔리어 문헌 그대로 인용했다.

마침내 깨달아 열반 상태의 평화를 성취했을 때 고타마는 가르침의 길에서 주저했다. 깨달음은 말로 표현할 수 없으며 설명이 불가하므로, 열반으로 가는 길을 이해할 사람은 아무도 없다고 보았기 때문이다. 그런데 브라만 신이 하늘에서 내려와 그 막 탄생한 붓다에게, 깨달음으로 향한 그 새로운 방식을 몰라 비탄하고 있는 사람이 많으며 분명 그들 중 일부는 그 방식을 이해할 것이라며 가르침을 부탁했다. 그리고 이어서 "두루두루 다니며 고통에 빠져 있는 인류를 굽어 살펴 이 세상을 구하라."[18]고 말했다. 깨달으면 자비를 느끼게 되어 있기 때문에 깨달은 자는 다른 살아있는 존재들을 무시한 채 열반에 들 수는 없다. 깨달아 삶이 고통임을 알게 되면 자비심도 느낄 수밖에 없기 때문에, 붓다는 자신의 사명을 따르기 시작했다.

붓다와 브라만 신의 이 대화가 붓다 자신의 머릿속 생각을 말하는 것이라는 암스트롱의 지적은 적절했다. 붓다는 열반의 평화를 즐기는 동시에 사람들에 대한 자비심도 느꼈던 것이다. 그리고 그 내면의 대화는 사명을 시작하는 것으로 끝이 났다. 붓다는 스승이 될 수 있었을 뿐만 아니라 실제로도 스승이 되었다.

깨달은 마음을 숙고하다보면, 열반의 평화와 예쉐의 자유에서 돌아오는 사람은 윤회가 일어나는 속세와 그 곳의 사람들을 있는 그대로 볼 수 있을 거라고 짐작하게 된다. 티베트 불교에 따르면 그렇게 멀리까지 가본 사람들은 처음 들으면 깜짝 놀랄 만한 말들을 한다. 예를 들어 "궁극적인 수준에서 열반과 윤회에 차이는 없다"라는 말이 있다. 깨닫지 못한 사람이 이해하기에는 매우 어려운 말이지만, 이해를 도울 인상적인 상징물이 하나 있기는 하다. 조각이나 그림에 나오는 좌불상은 거의 항상 눈을 반쯤 감고 있다. 곁눈질을 하거나 졸린 눈이 아니라 이중으로 보고 있는 눈이다. 그는 두 눈으로 이 세상과 우리를 보면서 동시에 내면의 눈으로는 관점 없고 주객 없는 열반을 보고 있다.

소크라테스에게도 "무지하기 때문에 질문해야 한다"는 지혜를 얻었다는 것은 곧 맨발로 시장 바닥을 돌아다녀야 한다는 것을 의미했다. 자신이 얻은 최고의 통찰 덕분에 소크라테스는 사람들을 그들 자신보다 더 잘 알게 되었고,

따라서 그들과 기술적으로 대화할 수 있었으며 그런 방식으로 그들을 지적 탐구의 길로 인도하려 했다.

반어(역설)의 지혜로부터 시장에서의 사명으로 돌아온 소크라테스와 깨달음으로부터 속세에서의 사명으로 돌아온 붓다 사이에는 유사점이 있다. 하지만 이들 사명의 목적은 서로 달랐다. 이 둘은 다른 길 위에 있었다.

기본 가정에 의문을 제기하는 것이 지혜에 접근하는 서양의 전형적인 방식이었다. 예를 들어 헤겔은 합리적이고 위대한 종합으로 모든 철학을 요약하고 완성하는 훌륭한 체계를 만들어냈다. 헤겔은 자신의 철학이 그때까지 서양철학이 더듬더듬 만져온 것들의 최종판이라고 생각했다. 그다지 가능할 것 같지는 않았겠지만 자신의 그런 궁극의 성취후에 따라올 수 있는 것으로, 헤겔은 자신의 철학 사상이 말하는 대로 자신의 기본 가정에 의문을 제기하는 것에서 출발하는 것이 또 다른 반정합이 될 것이며 그 반정합이 또 다시 더 큰 종합을 부를 것이라고 보았을 것이다.

그런데 정말로 그랬다면 그것은 착각이었다. 헤겔의 가장 혁신적인 비판가, 쇠렌 키르케고르가 헤겔을 코믹한 일물로 보았기 때문이다. 키르케고르에 따르면, 헤겔은 관념의 장대한 성을 쌓았지만 그 자신의 개인적인 자아, 즉 절대로 단순한 관념이 될 수 없는 살아 있는 존재를 그 성 밖

문지기의 가난한 오두막에 남겨두었다(헤겔의 철학은 관념일 뿐 그 속에 인간, 즉 실존은 빠져 있다는 뜻이다 - 옮긴이). 여기서 우리는 헤겔의 예상과는 상당히 다른 유형의 비판을 보게 된다. 유머는 주장은 아니지만 말해질 수는 있다.

플라톤의 가장 신랄한 비판가 프리드리히 니체는 이 땅에 사는 존재들의 일시적인 실재를 주장하며 플라톤의 영원한 이데아를 거부하지는 않았다. 대신에 애초에 그런 구분을 하게 한 것, 즉 '권력을 위한 자기 부정의 금욕적 추구'로 주의를 전환했다(니체는 금욕주의가 통제를 가능하게 하기 때문에 권력의 느낌을 준다고 보았다 - 옮긴이). 루드비히 비트겐슈타인은 자신의 초기 작업이 야기했던 인식론적 논란을 외면하고, 모든 철학을 비롯한 사실상 서양의 전통 전부가 그렇게나 자주 오용했고 왜곡했던 언어 자체에 집중하며 가장 심오한 질문들을 던졌다. 마르틴 하이데거는 특히 과학과 기술에서 세상의 형편과 존재들 각각(beings)을 우선적으로 다루며 이해해 나가느라 제쳐놓았던, 존재 자체(Being)의 문제로 주의를 환기시켰다.

몇 명만 언급해도 이렇게 현대의 사상적 거두들은 우리가 지적 전통의 한계 밖에서 생각할 수 있음을 보여준다. 이들 중에 전통적인 방식으로 논증하며 자신의 입장을 수립한 사상가는 없다. 그리고 이들은 지금까지 우리가 살펴본 그 지적인 확실성을 자신의 목표라고 주장하지도 않았다.

수업 막바지에 전통에서 벗어난 현대 서양철학의 한 예로, 우리는 하이데거의 일반 대중을 상대로 한 추도사(Memorial Address: 작곡가 콘라딘 크로이처 175기 탄생 기념일에 그를 추도했던 연설 – 옮긴이)를 하나 살펴보았다. 일반인을 상대로 한 연설이었으므로 하이데거의 다른 글들에 비해 이해하기가 쉽다.[19] 이 연설에서 하이데거는 계산적인 생각과 명상적인 생각을 비교한다. 계산적인 생각이란 존재와 상황 같은, 철학에서 전형적으로 다루는 주제이자 과학과 기술로 이어지는 것들에 대한 생각이다. 명상적인 생각이란 불교에서 말하는 그 명상적인 생각은 아니다. 다른 곳에서 하이데거는 여러 번 이 생각이 기존의 철학적 사색과 구분되는 것으로서의 생각이라고 말했다. 예를 들어 우리는 모든 것이 무엇이며 어떻게 존재하는지 궁금해 할 수 있고 이것은 철학과 과학에서 자연스럽게 이루어진다. 하지만 우리는 때론 멈추고 그 모든 것 자체가 과연 존재하는지부터 궁금해 할 수도 있다.

첫 번째 의문, 즉 모든 것이 무엇이고 어떻게 존재하는가는 그리스 사람들을 철학과 과학으로 이끌었고 뒤이은 서양의 사상에도 강한 특징으로 남았다. 반대로 그 모든 것 자체가 정말로 존재하는가를 궁금해 할 때 우리는 '계산적인 생각'에서와 달리, 아무런 지침 없고 집중할 대상도 없으며 따라갈 방법도 없고 의지할 개념적 도식도 없는 곳으로 한

걸음 물러나게 된다. 그렇게 드물게 찾아오는 자유로운 상태에서만이 우리는 신중하고도 열린 마음으로 생각할 수 있다. 하이데거는 서양의 철학적 노력에 그런 명상적인 생각이 결핍되었다고 보았다.

앞에서 우리는 과학의 의미를 여러 관점에서 살펴보았고, 데카르트가 어떻게 자신의 형이상학적 도식을 만들어냈는지도 보았다. 그 형이상학에서 데카르트는 분명하고 확실하고 수학적인 관념들을 가정할 때, 주체(정신적 실체)와 그에 수반되는 자연 대상(물리적 실체)을 알 가능성이 있다고 보았다. 하지만 이 형이상학적 도식은 전부 대상과 실체들, 즉 존재들(beings)을 다루지 존재 자체(Being)을 다루지는 않는다. 그런 존재들(beings)과 그런 존재들을 설명하는 과학에서 한 발자국 물러설 때, 우리는 마침내 새로운 관점을 갖고 존재 자체(Being)의 문제를 제대로 볼 수 있다.

깨달음을 이끄는 명상과 지적 명료함을 부르는 엄정한 이성의 비교라는 우리의 대주제에 서, 우리는 어쩌면 서양의 두드러진 특징이 전통의 끝없는 회의로 독창성을 자극하는 것이며 나아가 화이트헤드가 말한 '관념의 모험' 같은 대대적인 전복을 야기하는 것임을 보여주는 정도에서 만족해야 할지도 모르겠다.

이런 서양의 특징은 모든 발전이 이미 설해진 불교적

가르침으로부터 나온 것일 뿐이라고 말하는 안정적인 불교 전통과 대비된다. 경전의 기존 측면들을 좀 더 분명하게 한다는 취지의 설명 과정을 우리는 해석학이라고 부른다. 해석학에 새로운 것의 추가는 없다. 반대로 서양적인 관점에서 보면 기독교 신학의 역사만이 불교의 해석 및 재공식화의 역사와 비슷해 보인다. 이것은 관념의 또 다른 종류의 모험이며, 이런 모험은 과학에서 더 확연히 드러난다.

수업 초기에 무언가 위와 같은 취지의 말을 했을 때, 성하님과 스님들은 그 즉시 무언가 추가되어왔다는 생각 자체를 거부했다. 붓다의 실제 가르침 속에 모든 것이 들어있으니까 말이다. 때론 고대의 것이라는 문헌들이 발견되기도 하는데, 현대의 것이라면 혁신으로 간주될 내용들을 담고 있어도 고대의 것으로 간주되기 때문에 원전 가르침의 일부로 받아들여진다. 나는 피타고라스 학파의 고대 수학자들을 떠올리지 않을 수 없었다. 그들이 만들어낸 수학적 혁신과 발전은 모두 피타고라스의 공적이 되었다.

서양적 사고와 불교적 사고의 이런 대비에는 좀 더 깊은 이유도 있다. 불교에서 기본 가정들이 서양에서처럼 의문시되지 않는 것은, 그러니까 기본 가정이 없기 때문이기도 하다. 이상하게 들리겠지만, 불교의 기본 사상과 그 안정성을 고려할 때 사실이 그렇다고 생각한다. 예쉐, 즉 비개념적 궁극적 지혜의 수준에는 가정도 가정에 대한 의문도 비판도 평가도 발전도 없다. 그 예쉐 바로 아래 수준에서는 서양의 철학가들 사이의 교류와 매우 비슷한 날카로운 질문과 논쟁이 불교 철학가들 사이에서도 빈번하게 이루어진다. 하지만 이 경우에도 그 기본적인 목적은 지적인 명확성이 아니라, 그런 논리적 방해꾼들을 타파해 깨달음으로 향한 길을 여는 것이다.

앞에서 살펴본 대로 불교도도 과학과 역사를 흥미롭게 생각하고 그것들로부터 이 세상에 대한 상대적인 진리를 얻을 수 있다고 보지만, 그것들이 방해가 될 수도 있다고 생각한다. 성하님도 서양철학에 대해 그 같은 방식으로 생각하지만 매우 재치가 있는 분이시라 그렇다고 대놓고 말씀하지는 않는다. 서양철학이 흥미롭기는 하다. 특히 불교와 유사점을 보일 때, 개념적인 방식이 까다로울 때 그렇다. 하지만 결국 서양철학은 과학, 역사와 마찬가지로 방해꾼인 것이다. 수업이 끝나갈 때면 나는 성하님에게 질문이 있느냐고 묻지만 그는 늘 웃으며 "없습니다."라고 대답했다. 티베트 문화에서 스승에게 질문을 하는 것이 불손하게 여겨진다는 것은 알고 있지만, 우리가 토론할 때 성하님은 편하게 질문했으므로 나는 그의 그런 반응이 솔직했다고 여겨진다. 서양인 선생에게는 그런 반응이 실망스러울 수 있다. 사실 선생이 가르침에 실패했다는 뜻도 되니까 말이다. 그런데 다시 생각해 보면 그래야만 했다는 생각이 든다. 관념의 모험은 장애와 방해물을 제거해 윤회에서 벗어나게 하고 자유롭게 그 최후의 열매인 깨달음을 얻게 하는 하나의 방법일 뿐, 기본적으로 불교는 관념의 모험을 전제로 한 사상이 아닌 것이다.

반대로 서양사상은 질문들, 특히 전통적 개념의 한계를 극복하려는 사람들이 제기하는 질문들로 이루어졌고 발전되어왔다. 그리스인들의 말처럼 철학은 궁금함(wonder)에서 시작한다. 소크라테스의 말처럼 "궁금해 하는 것이 철학자의 자질이고 바로 그곳에서 철학이 출발한다."[20] 사실 질문을 했기 때문에 이 책도 시작되었고, 질문들로 이 책이 질서를 잡을 수 있었으며, 나아가 이 책으로부터 더 많은 질문들이 나오기를 바란다.

플라톤은 소크라테스가 보람도 없이 헤매기만 하던 그 노예 소년에게, 어떻게 결정적인 질문을 던져 문제 해결을 위한 진짜 탐구를 하게 했는지 보여주었다. 또 플라톤은 독자들에게 그 위대한 지적 명확성으로 향한 탐구를 자극하고 그 방향을 잃지 않게 하는 방식으로 대화편들을 고안해냈다. 요컨대 플라톤은 궁금함을 불러일으키고 싶었던 것이다.

궁금함은 열린 마음을 전제하고 궁금해 할 때 길이 열릴 수 있다. 보게 하고 질문하게 하는 열린 마음은 불교에서 그렇듯, 서양의 전통에서도 다른 방식의 사고를 가능하게 했다. 하지만 당황스럽게도 불교는 서양 전통에서처럼 근본적인 것에 대한 결정적인 질문으로 그 활력을 유지하지는 않는다. 앞에서 보았듯이 불교에는 기본 가정이라는 것이 없기 때문에 기본 가정에 대한 회의도 없는 것이다. 예쉐는 비개념적인 궁극적 지혜이지, 이론적 기본 가정에 대한 통찰이 아니다.

불교에서 기본적인 것들에 대한 날카롭고 비판적인 지적은 텅 빈 공간에 화살을 쏘는 것과 같다. 그런데 궁금함이 꼭 기본적인 가정들에 대한 의문에 한정되어야 하는 걸까? 궁금함의 본성상 그렇지 않다는 것이 자명할 것이다.

그렇다면 열린 마음으로 끊임없이 궁금해 하고 질문하는 것으로 언젠가는 동서양이 만날 수도 있지 않을까? 이 물음을 염두에 두고 다른 문제들을 좀 더 살펴보자. 이 궁금함의 문제는 뒤에 더 분명해질 것이다.

일찍부터 불교는 철학이자 종교였다. 하지만 우리는 토론을 위해서 주로 서양철학과 비슷하거나 다른, 불교의 '철학적 측면들'을 주로 다루어왔다. 그런데 불교를 그렇게 이중적으로 보는 것 자체가 서양적임을 알아야 한다. 서양은 철학을 종교 혹은 신학과 구분하고, 불교를 철학이자 종교라고 말할 때도 그런 구분을 전제한다. 그런데 그때 그런 구분을 넘어선 한 덩어리로서의 불교를 보기가 어려워진다는 것이 문제이다. 서로 다른 문화와 역사의 경우들에서 보이듯이, 종교란 신 혹은 신들에게 집중하는 것이라는 전형적인 서양적 가정과 만나면 문제는 더 복잡해진다. 하지만 종교는 다 그런 것이 아닐까? 종교가 어떻게 다를 수 있을까? 불교도는 부드럽게 말할 것이다. "와서 보세요."

서양의 성당, 교회, 사원, 교당만큼이나 불교 사당 혹은 절도 놀랍도록 영적이다. 그리고 의례, 의상, 의식들에도 유사점이 많다. 분명한 계급 관계도 그렇고 영적 수장이 있기 마련인 성직자 조직도 비슷하다. 서양의 많은 기독교 교파들이 그렇듯, 불교에서도 그 교파 내의 사람들은 특별한 삶의 방식을 따르고 그 삶의 방식은 가르침과 수행법에 의해 주입되고 유지된다. 비구, 비구니들의 삶도 기독교의 그것과 매우 유사하고 보통 사람들로부터 존경을 받는 것도 비슷하다. 그러므로 맞다. 불교는 종교이다. 하지만 불교는 최고의 신이 아니라 우리에게 길을 보여줄 수 있는 최고의 스승에 그 초점을 맞춘다.

지금까지 우리는 동서양 철학에서 첨예하게 대비되는 점들을 보는 것으로, 그 각각을 좀 더 분명하게 보게 되기 바랐다. 고향을 떠나 다른 문화에 적응한 다음 다시 돌아올 때까지 고향을 알 수 없다는 말은 당연하다. 그때 유사점은 강조되고 차이점은 더 깊은 이해를 촉구한다. 그런 점을 나는 독실한 기독교도이면서 동시에 불교에 깊은 관심을 갖고 있는 어느 젊은 친구가 발전하는 모습을 보면서 분명히 보았다. 대조는 탁월한 통찰을 촉발시키고 그런 일은 분명 한 쪽만 보아서는 일어날 수 없다.

그럼에도 불구하고 우리는 매우 서양적이게도, 불교의 종교적인 측면이라고 불릴 만한 점들을 거의 살펴보지 않았다. 그 이유를 굳이 말하자면 나의 임무가 철학과 교육에 있었기 때문이다. 다시 말하지만 처음에 언급한 대로 나는 영적인 추구를 위해 그곳에 간 것이 아니었다. 나의 관심을 끌었던 것은 동서양의 철학적인 문제들이었으며 따라서 그런 측면들만 살펴보았다. 철학적 문제들을 분명히 하기 위한 카르마파와의 토론만으로도 나에게 충분한 보상이 되고도 남았다. 따라서 엄격하게 종교적으로 치부되는 문제들은 어쩌다가 얘기가 나오는 정도였다.

그런 종교적인 문제 중에 하나가 환생설일 듯하다. 불교의 자아 개념과 관련해 데이비드 흄을 논하면서, 나는 탄생과 삶과 죽음과 환생의 과정이 서양적으로는 어떻게 가능한지를 보여주고 싶었다. 비실체적 자아 개념이라면 가능하고, 그것이 불교와 흄이 유지하는 관점이기도 하다. 카르마파가 말했듯이 자아는 마음의 흐름이고, 내가 이해한 대로라면 그 마음의 흐름이 죽음 이후에도 계속 유지된다. 그런 죽음과 환생의 과정이 정말 있고 없고는, 혹은 더 솔직히 말해 그런 과정을 믿고 말고는 또 다른 문제이다.

나 같은 서양인에게는 나의 개인적인 삶이 어느 순간

돌연히 끝날 것이라는 명백한 인식이 환생의 문제를 앞선다. 결국 이곳에 존재하지 않을 것이라는 그 생각은 더할 수 없이 공허하고 따라서 압도적이기 때문에, 우리는 보통 그런 생각들을 계속 모른 체한다. 여기에 더 이상 존재하지 않을 거라는 생각을 하면 우리는 그 무엇에도 집중할 수가 없다. 그런 상상이 삶에 방해가 되므로, 우리는 그런 공허함을 숨기거나 채우기 위해 무엇이든 은폐물을 찾아내려 한다.

이쯤 되면 죽음 뒤에 우리를 기다리는 무언가가 있을 거라는 믿음은 솔직히 말해, 인간의 유한성에 대한 강력한 인식 때문에 생긴 것임에 틀림없다. 나는 사후의 무언가를 믿는, 그런 신념의 도약을 할 수 없을 것 같다. 그런 내가 자랑스럽지는 않지만 솔직한 나의 마음이 그렇다. 그런 신념의 도약을 하지 못하는 나에게 탄생과 죽음과 환생의 과정을 보여주는 그림은 방해꾼에 불과하다.

좀 다르게 말해 보자. 동물들은 지각하지만 자신이 지각한다는 것도 지각할까? 그럴 것 같지는 않다. 하지만 우리 인간은 우리가 자각한다는 것도 자각한다. 나아가 그런 반성적 자각은 그런 자각 자체도 언젠가는 소멸될 것이라는 자각도 하는데, 바로 그런 자기 자신의 비존재에 대한 자각을 받아들이는 것은 매우 대단한 용기를 요한다. 그에 비하면 죽음 후에도 삶이 계속된다는 그림은 훨씬 더 매력적이고 따라서 그 자체로 혹하게 하는 방해꾼이다.

앞에서 보았듯이 카르마파는 서양철학, 과학, 역사가 흥미롭지만 궁극적 진리로 향한 길 위에서는 결국 방해꾼이라고 보았다. 그리고 여기서 나는 동양의 환생설이 흥미롭지만, 결국에는 우리로 하여금 우리의 개인적인 죽음을 숨김없이 생각하지 못하게 하는 방해꾼으로 본다. 하지만 내가 여기서 고수하고 있는, 우리가 그렇게 외면하려 하는 죽음은 매우 서양적인 일회성의 죽음이다. 진정한 자아 개념은 이런 죽음과 별개이다. 일회성의 죽음에서는 유한한 반성적 의식이 우리가 시작되고 끝나는 지점이다.

이런 생각은 불교의 관점과 대조된다. 불교는 반성적인 의식의 끝, 그 죽음을 인식하지 못하게 하는 방해 요소를 말하는 것이 아니라 비개인적인 불성을 깨닫지 못하게 하는 방해 요소들을 말한다. 과학, 역사, 서양철학에 대한 생각까지 포함하는 일시적인 문제로 돌아서는 순간 우리는 진정한 마음, 즉 불성에 등을 지는 것이다. 두 사고 유형 모두 방해를 말하지만 좀 다르다. 하나는 인간의 개인적인 죽음을 인식하지 못하게 하는 방해이고, 다른 하나는 비개인적인 불성을 인식하지 못하게 하는 방해이다.

믿고 있는 종교 혹은 철학이 무엇이든 인간이라면 모두 갖기 마련인 문제, 모든 인간에게 불가피한 공통분모, 즉 죽음에 대해 좀 더 자세히 살펴보자. 우리 모두 언젠가는 죽는다. 따라서 죽음은 모든 인간 사이의 접점이 될 수 있고, 이 점이 우리에게 무언가 다른 길을 보여줄 수도 있지 않을까?

윤회가 계속되므로 죽음 뒤에 환생이 이루어진다는 설은, 다시 말하지만 받아들이는 데 신념이 필요하다. 하지만 그것이 불교가 말하는 죽음의 전부는 아니다. 개인적 자아가 진정한 자아, 즉 비개인적이고 영원하며 주객의 구분이 없는 불성이 되면 궁극적 진리 속에서 진정한 길이 그 모습을 드러낸다. 그리고 여기서 우리가 놓치지 말아야 할 것이 있다. 그 길 위에는 그런 삶과 죽음 같은 순차적인 대조도 없다는 것 말이다. 이전과 이후라는 모든 순서가 사라지기 때문에 "죽음 후에도 다른 삶이 있나요?"라는 질문 자체도 사라지는 것이다.

그렇지 않을 수도 있다. 그런 진리를 미처 깨닫지 못한 우리는 윤회의 굴레 속에 남게 되고, 따라서 우리는 죽음을 하나의 과도기, 티베트 어로 바르도(bardo)로 본다. 또 다른 좌절 가득한 삶과 죽음으로 이어지는 과도기이다. 티베트 인은 죽음에서 다른 삶 사이의 이 바르도를 여러 단계로 나누며 매우 정교한 그림을 그려낸다. 명상 수행을 성공적으로 충분히 했다면 이 일시적이고 연속적인 사건들을 뛰어넘을 수도 있다.

앞에서 우리는 철학이란 '죽음 연습'이라던 소크라테스의 말을 살펴보았다. 지적인 명료함을 탐구할 때 육신을 떠난 듯 사고해야 한다는 말이다. 덜 극적으로 말하면 객관적으로 사고해야 한다는 의미이다. 플라톤의 경우 이 점을 소크라테스의 죽음을 설명하며 대조적으로 매우 극적이게 말해준다. 플라톤이 말하는 죽음 장면에서, 우리는 소크라테스가 죽음을 전혀 두려워하지 않았을 뿐만 아니라 나아가 죽음을 반겼음을 알 수 있다. 죽음으로 소크라테스는 육체적 감각과 열정이 야기하는 방해로부터 벗어나 평생 동안 탐구하고 추구했던 것을 분명히 볼 수 있는 자유를 얻게 되었다. 법정의 선고에 따라 간수가 파르마콘(Pharmakon)이 든 컵을 들고 왔는데, 소크라테스는 그 독을 육체적·세속적 문제에 병든 자신을 치료해줄 약(파르마콘은 약이라는 뜻도 있다)으로 받아들였다.

그 이야기를 듣고 카르마파는 불교 명상 수행과 유사한 점을 발견하고 미소를 지었다. 하지만 종이 울리고 카르마파에게는 다른 할 일이 있었으므로 이야기를 이어가지는 못했다.

소크라테스가 증명했듯이 죽음을 충실히 연습하는 철학적인 삶을 산다면, 우리는 죽음에 임했을 때 비개인적인 순수 지성이 된다. 순수 지성 대신 순수 마음이라고 말할 수 있다면, 아니 붓다의 마음이 되었다고 말하는 것이 더 낫겠다. 그렇게 말할 수 있다면 우리도 카르마파처럼 웃을 수 있다. 드디어 같은 길 위에 서게 된 것 같으니까 말이다. 드디어 서양의 영혼이 그 진정한 본성에 도달해 무한하고 비개인적이 되었고 불사가 되었다.

사실『파이돈』의 끝으로 가면서, 플라톤은 소크라테스로 하여금 탄생과 죽음과 환생의 복잡한 신화로 개인적인 영혼들에 대해 설명하게 한다. 하지만 소크라테스의 더 깊은 메시지를 보여주는 것은 그 주장의 강도를 볼 때, 그 뒤에 나오는 소크라테스의 죽음 장면이다. 그 메시지는 다름아니라 죽음으로 우리는 세상과 개인성에서 벗어나, 소크라테스로 하여금 평생을 탐구하게 했던, 모든 것을 포함하는 명료함으로 다가간다는 것이다. 이것은 불교와 아주 유사한 정도에서 그치지 않고 마침내 서양철학과 불교가 만나는 것처럼 보인다.

앞에서 죽음으로 소크라테스가 순수 지성이 되었음을 말하면서, 나는 성하님에게 깨달은 자는 다르마가 되느냐고 여쭈었다. 성하님은 흥미로워 하면서도 그런 나의 생각에 시험적으로 조심스럽게 동의했었다.

이제 보니 조심스러울 수밖에 없었다. 동양적으로나 서양적으로나 너무 앞서가는 생각이었던 것이다. 다르마가 플라톤이 선의 이데아로 말한 모든 것을 포함하는 명료함과 같은 것이라고? 다르마가 성하님이 말한 그 활발한 마음의 양식이라고? 이것은 정말이지 흥미로운 발상이고 아주 많은 보충을 요구한다.

매력적인 생각이긴 하지만 틀렸다. 궁극적 지혜에는 양상(pattern)이 없다. 그렇다면 다르마는 궁극적 지혜로 가게 하는 방법이다. 목적지가 아니라 그 목적지로 이어지는 길인 것이다. 켄포 서링 학장은 다르마가 기본적으로 의미하는 것은 정화라고 했다. 따라서 다르마는 순수한 마음 그 끝으로 향하게 하는 수단이다. 다르마는 나의 서양적인 마음이 바라던 순수 마음의 양상이 아닌 것이다.

서양철학의 형성에 플라톤이 중요한 역할을 했음에도, "불사인 것은 비개인적인 영혼이다"라는 그의 생각이 서양적 사고의 주류로 편입되지는 못했다. 서양 사상에서 지배적인 관점은 그것과 상당히 다르게, 개인적 영혼을 궁극의 개인인 신과 대면하고 있는 존재로 본다. 자아(self)와 신 사이, 자아(self)와 또 다른 자아(Self) 사이의 이 관계는 가장 근본적인 것이며 가장 중요한 관계이다. 이 관계가 얼마나 순수하냐에 따라, 죽음 후에 천국에서 축복을 받거나 지옥에서 저주를 받는다. 우리는 신과의 관계에서 우리의 정체성을 찾았고 우리의 목적지를 만들어냈다. 하지만 개인성의 소멸과 형언할 수 없는 신과의 합체를 말하는 플로티누스와 뒤이은 기독교 신비주의, '신은 이것도 저것도 아니다'라고밖에 설명할 수 없다고 말하는 부정신학(否定神學)에 따르면, 개체로서의 모든 신 개념은 아무리 완벽해도 최후의 깨달음에 다다른 개인적 영혼에 대한 개념일 뿐이다. 우리가 방금 보았던 불교 사상과 서양 사상과의 만남이 이제 실제로 실현된 듯하다.

형언할 수 없는 신과의 그런 신비주의적인 합체와 부정신학에서의 이것도 저것도 아닌 것으로서의 신은, 불교가 그렇듯 서양의 주류 사상과는 불화의 관계에 있고 따라서 우리의 주문제는 다시 등장한다. 서양 사상은 여전히 신성이든 인간이든 개체에 초점을 맞추는 것이 일반적이며, 사회적으로도 인간의 개인성과 정치적 권리와 교육과 안녕과 개인적 성취를 중요하게 생각한다. 그리고 과학도 은하계에서부터 쿼크(quark: 양성자, 중성자와 같은 소립자를 구성하고 있다고 여겨지는 기본적인 입자 – 옮긴이)까지의 개체들에 집중하면서 놀라운 성과를 보여주었다. 그러니 기독교 신비주의나 부정신학이 빠른 시일 내에 주류가 될 것 같지는 않다.

개인에 집중하는 서양의 주류는 죽음을 아주 개인적인 것으로 간주하기 때문에, 죽음을 비개인적인 불성이나 순수 지성의 획득이 아닌 개인적 자아의 종착역으로 본다. 그런 엄연한 현실 앞에서, 기독교와 회교에서 말하는 죽음 후 불사가 된 '나'라는 영혼이 살아가는 영원한 삶은 기적처럼 들리기 때문에 진정으로 믿기 어렵다. 만약에 진정으로 믿을 수 있다면, 기독교와 회교에서 수십 세기에 걸쳐 보여주었던 것처럼 삶을 송두리째 바꾸는 힘과 보상을 받게 될 것이다.

'개인적인' 불사에 대한 믿음은, 마찬가지로 수십 세기를 살아남은 불교적 생각과 당연히 날카롭게 부딪힌다. 죽음이라는 공통분모가 있지만 불교가 죽음을 보는 시각과 서양의 주류가 죽음을 보는 시각은 또 다시 근본적인 차이를 보인다.

지금까지 우리는 동서양이 만나는 지점을 찾으며 폭넓은 철학적 문제들과 인간적인 고민들을 살펴왔지만, 사고의 유사점을 발견하는가 싶으면 늘 곧 차이점으로 이어지곤 했다. 이제 무언가 다른 방법이 필요한 것은 아닐까?

그렇다. 이미 우리는 그 다른 방법을 알고 있다. 원자이론에 대한 사실주의 대 실증주의의 해석이라는 서로 충돌하는 두 가지 지적 대안들에 맞닥뜨렸을 때, 카르마파는 우리의 주의를 그 갈등하는 개념들에서부터 실질적인 연구라는 하나의 활동으로 전환시켰다. 이제 하나의 활동에 대한 그 유사한 전환이 그 무언가 다른 방법을 보여줄 수 있을 것 같다.

동서양의 큰 주제들을 적극적으로 살펴오면서 우리는 계속 중도를 걸었던 것이 아닐까? 우리가 토론과 탐구를 계속할 수 있었던 것은 호의(good will)와 열린 마음 때문이고, 이제 우리의 실질적인 토론에 기반이었던 그 신뢰 관계에 초점을 맞출 때가 된 것 같다. 호의나 열린 마음 그 어느 것도 우리 토론의 주제는 아니었지만 이 둘은 조용히 늘 그곳에 있었다. 이제 우리는 우리의 토론 내내 실제로 벌어지고 있던 일, 바로 그 '활동'으로 우리의 주의를 전환할 필요가 있다. 그 신뢰 관계 속에서 우리는 탐구 과정 내내 중도를 유지해왔고 지금도 그렇다. 지금 우리가 처한 실제 상황, 우리가 하고 있는 일 그 자체를 볼 때 정직한 토론 속에서 우리의 마음이 만나고 있음을 볼 수 있다. 때로 동의하지 않기 위한 동의도 있었지만, 그런 동의에서마저도 호의의 유지는 일반적이었다.

소크라테스의 훈계, "너 자신을 알라"가 여기서 특히 마음에 와 닿는다. 나는 카르마파처럼 자신의 무지를 정직하고 분명하고 소탈하게 보여주는 사람을 젊든 늙었든 거의 만나본 적이 없다. 그의 위치라면 유혹이 많을 텐데도 성격적으로 약간의 이기성도, 오만도, 가식도 없었으며 허영이나 생색도 찾아볼 수 없었다. 그가 그것들을 거부한다기보다 오히려 그곳에 없기 때문에 거부할 필요도 없는 쪽이었다. 그 정도로 기본적인 자기 이해가 되어 있는 사람이기 때문에, 카르마파는 전폭적인 호의로 다른 사람들을 만날 수 있다.

임마누엘 칸트는 그 유명한 윤리학 책을 시작하며 이렇게 썼다. "선의지(good will)를 제외하고는 이 세상의 그 무

169

엇도, 사실 이 세상 너머의 그 무엇도, 무조건 선하지는 않다."[21] 이 말은 일반적인 뜻으로도 이해될 수 있지만, 칸트가 심중에 두었던 의미는 당연히 더 심오했다. 칸트의 훌륭하지만 난해한 도덕철학에 대해, 그가 선의지를 다루는 방식을 보고 그것과 불교적 입장과의 차이점과 양립 가능성을 뽑아낼 정도로만 살펴보기로 하자.

칸트에게는 실천이성이 문제의 중심이다. 칸트에 따르면 지식을 얻게 하는 것은 이론이성이지만 행동을 취하게 하는 것은 실천이성이다. 그리고 칸트는 실천이성과 의지(will: 뜻함 - 옮긴이)를 같은 것으로 본다. 도덕적 행위자인 우리는 행동 원칙의 안내에 따라 행동을 취하고, 그 원칙이 일관적이면 즉 보편적이면 그 행동도 따라서 도덕적이게 되며 선의지에 근거하게 된다. 그 반례로 은행을 털면 좋을 것 같지만, 그 행동의 원칙이 일관적일 수는 없다. 일관적인 원칙은 보편적이어야 하기 때문이다. 다른 사람의 의지에 반하는, 은행털이를 안내하는 그 원칙은 보편적이지 않다. 만약 보편적이라면 그 강도 자신의 의지에 반하는 다른 사람의 의지, 즉 자신의 의지에 반하는 것도 의지해야 하기 때문이다. 선의지를 가진 사람은 항상 보편적으로 의지(will)하도록 하는 원칙에 맞게 의지할 것이다. 원칙의 보편성이 칸트에게는 최종 호소 대상이었다.

자, 여기에 바로 우리가 놓치지 말아야 할 것이 있다.

자신의 이성을 존중할 때 우리는 사실 다른 모든 이성적 존재들을 존중하는 것이다. 칸트는 자신의 유명한 정언명령 그 두 번째 공식에서 이렇게 말한다. "당신 자신에 대해서든 다른 사람에 대해서든 인간을 항상 결코 수단이 아닌 목적으로 대하라."[22]

칸트의 "선의지만이 무조건적으로 선한 유일한 것"이라는 말은 '모두가 공유하는 실천이성을 존중하며 행동하겠다는 의지만이 유일하게 선하다'는 것을 의미한다. 그리고 개인적이고 경험적인 자아들과 그들의 바람과 욕망들에서 자유로운 보편성이 그 선의지의 형식(form)이다. 우리 자신이 존중할 가치가 있는 것처럼, 합리적인 행위자인 우리는 다른 합리적인 행위자들을 그들 자체로 존중할 가치가 있는 사람들로 본다. 그것으로 우리는 그들을 존중할 기반을 갖는다. 그렇게 행동하는 것으로 우리는 우리의 선의지를 보여준다.

불교에서는 모든 지각하는 존재들이 공유하는 비인격적인 불성을 인식한 결과로 나타나는 것이 자비이다. 다시 말해 자비는 우리 모두가 공유하는 불성이 그 기반이다. 칸트에게 모든 합리적인 행위자들이 공유하는 것은 이성이고, 이성이 바로 선의지의 기반이다. 자비와 선의지 둘 다 우리의 이타적이고 진실한 본성이다. 하지만 하나는 불성에 기반하고 다른 하나는 이성에 기반한다. 우리는 다시 익숙한 대비로 돌아왔다. 그런데 '궁금해 하는 것'은 어떨까? 궁금해 하는 것 자체도 이렇듯 나눠질 수 있을까?

앞에서 동양의 명상적 경향과 비교할 때 서양의 이론적 경향을 더 잘 볼 수 있고, 그 반대도 마찬가지임을 살펴보았다. 그러나 이어서 어떤 관점으로 그런 대조를 즐겨야 하는지는 탐구하지 않았다. 이 두 유형의 사상을 비교하려면 그 관점은 이론적이기만 해서도, 명상적이기만 해서도 안 될 것이다.

코기토를 논할 때, 스님들도 데카르트적 문맥과 불교적 문맥을 비교하면서 때때로 유머를 발견했다. 나는 그 점이 고무적이라고 생각한다. 유머를 즐긴다는 것은 그 둘을 어느 정도는 이해했다는 뜻이기 때문이다. 그렇다는 사실을 염두에 두고 이제 동서양의 일반적인 사상이라는 훨씬 더 큰 대조로 주의를 옮겨보면, 우리는 웃을 거리를 볼 뿐만 아니라 그리스인들이 '궁금해 함'이라고 했던 것의 전제인 자유와 열린 마음까지 즐기게 된다. 유머로 인한 웃음에는 자유낙하할 때와 같은 자유가 있다. 애초의 문맥에서 벗어났지만 다음의 문맥 속으로는 아직 완전히 들어가지 않았기에, 바로 그 사이의 자유 속에서 마침내 그 두 문맥의 결합이 부조리함을 보는 것이기 때문이다. 궁금해 하는 것도 우리는 자신의 전통적인 사상 유형의 안전함 밖으로 한 걸음 나왔지만, 아직 다른 유형 속으로 들어가지는 않은 상태이다. 대조를 즐길 때 우리는 자유낙하를 즐긴다. 자유낙하가 좀 위험해 보인다면 짜릿한 유보 상태를 즐긴다고 해두자. 그리고 궁금함을 느끼는 것이다.

처음에 우리는 어떤 관점으로 동서양 사상의 비교라는 우리의 대주제를 다루어야 할지 궁금해 했다. 하지만 그때부터 지금까지 그런 관점의 문제는 제쳐두고 그 두 유형을 비교하는 일에만 집중해왔다. 이제 우리는 주의를 전환하는 중이다. 따라서 우리가 그동안 지적이기만 하지도 않고 명상적이기만 하지도 않는 궁금함의 관점에서, 그 대주제를 면밀히 검토해왔음을 알아채게 되었다. 궁금함의 관점이 주는 자유는 짜릿하다. 유보 중이고 웃을 준비가 되어 있어서가 아니라, 선의지와 자비의 열린 마음이 주는 자유 속에서 서로 교류할 수 있기 때문이다. 우리는 이제 정체, 교착 상태, 당황스러움, 아포리아 상태에서 벗어난 것인가? 그렇다. 우리는 여기서 움직일 수 있는 진정한 여지를 본다. 실질적인 교류, 즉 정체를 넘어서는 실질적인 연구, 다시 말해 아포리아를 넘어서는 열린 마음이 그런 여지를 준다.

탐구하고 연구하면서 성하님과 나는 동서양의 사상 유형들에 똑같이 감탄했다. 토론거리들을 상정하고 난제들에 고무되는 동안 서로 그보다 더 좋을 수 없을 정도로 마음이 잘 맞았다. 동서양의 뚜렷한 차이를 볼 수 있었지만 양쪽 모두 서로에게 감탄과 존중을 표시했다. 그 결과 행복하게도 잦은 미소와 이따금씩의 웃음과 함께 중도를 찾아낼 수 있었다. 이제 우리는 앞에서 탐구했던 자비와 선의지로 우리를 이어준 것이 바로 이 '궁금해 함'이라고 말할 수 있을 것 같다. 혹은 반대로 선의지와 자비가 연합 연구를 가능하게 해, 결국 궁금함이 열렸다고 말할 수도 있을 것 같다. 동서양의 실질적인 만남을 보여주었던 것은 바로 그런 활동이었고 결합이었다. 연구자인 우리 자체가 동서양의 만남이고 지금까지 이 책을 읽은 독자들도 이 중도의 길을 우리와 함께 가는 것이다.

우리는 모두 무지하게 태어났으므로 본성상 궁금해 할 수밖에 없다.

보고서로서의 일지는 끝날 수 있지만 생각과 숙고는 계속된다. 서양식으로 철학을 연구하는 사람들은 예리한 소크라테스 할아버지가 자신들의 노력을 보고 무엇이라고 할지, 그 어떤 질문들을 캐물어 우리의 생각을 다듬어줄지 종종 상상하곤 한다. 붓다를 만나도 유사한 효과를 얻게 될 것이다. "붓다는 어떻게 생각할까?"라는 질문은 철학적 문제들만이 아니라 일상의 다양한 변화에 직면해서도 늘 우리의 사고에 깊이를 더한다. 우리는 뜻밖의 사태들과 그 사태들이 던지는 질문들에 대면하며 살아간다. 그 질문들이 깊을

수록, 우리의 마음이 더 열릴 것이고 그 어떤 깨우침을 얻을
가능성이 더 커질지도 모른다.

이 책을 시작하면서 우리는 동서양의 대조를 일종의
진행형 가설로 내세우면서, 우리의 토론 자체가 결론을 이
끌어내도록 두었다. 이제 여기서 우리는 그 결론으로 우리
의 생각들을 다시 그동안 우리가 함께 해온 활동과 그 활동
을 열어준 궁금함으로 전환했다. 이런 작업에는 두 열린 마
음의 실질적인 교류와 그 열린 마음을 유지하게 하는 호의
를 보여주는 일지가 필수적으로 거리를 둬야 하는 논문보다
유리할 수 있다.

처음에 나는 어려운 철학적 사고에 대해 일반 독자들
이 좀 더 쉽게 접근할 수 있는 쉬운 철학일지를 쓰려 했었
다. 성하님과 나 사이의 실질적인 교환에 집중할 때, 동서양
의 대조적인 사고의 좀 더 깊은 측면들을 쉽고도 생생하게
전달할 수 있다고 생각했기 때문이다. 그런데 깊이 숙고한
결과 우리에게 익숙한 지적인 난관, 정체, 그 아포리아에 다
시 한 번 빠질 수도 있었던 문제를 해결하기 위해서는, 바로
그 개인적인 교류에 좀 더 초점을 맞추어야 한다는 것을 알
게 되었다. 쉽게 써보겠다던 일지 자체가 중요한 말을 해준
셈이다.

우리의 철학적 교류가 서양적이었을까? 아니면 동양
적이었을까? 지금쯤은 질문하는 것으로 그 대답을 찾을 수

있음을 독자 여러분도 볼 수 있기를 바란다.

이제 두 스승의 말로 끝을 맺으려고 한다. 소크라테스는 확신을 갖고 주장할 수 있는 것이 몇 없다고 말한 후에 다음과 같이 말한다.

모르는 것에 대해 질문해야 하는 의무를 믿는 것이, 모르는 것을 알아낼 가능성조차 없고 따라서 질문해야 할 의무도 없다고 말하는 것보다 우리를 더 낫게 하고 더 용감하게 하고 덜 무력하게 할 것이다. 이것이 내가 가능한 한, 말과 행동으로써 끝까지 싸워서라도 지키고자 결심한 점이다.[23]

붓다가 말했다.

오, 스님들이여! 현명한 사람은 나의 가르침을 맹목적으로 믿지 않고, 금을 녹이고 자르고 (시금석에) 다듬는 금세공자처럼 철저하게 조사한 후 받아들인다.[24]

후기

대화 하나

무대 뒤에서 조롱하는 듯한 웃음소리가 계속 들렸는데 매우 당혹스럽다. 어쩌면 당신도 그 소리를 들었을지도 모르겠다. 아하, 여기 그가 오고 있다. 존 스미스다. 당신도 존 스미스 한 명쯤은 알 것이다(존 스미스는 영어권에서 흔한 이름의 대명사로 여기서는 철학자가 아닌 일반인의 의견을 대표하며 등장하는 가상의 인물이다 - 옮긴이).

해리슨 J. 펨버턴 _ 자네군, 존. 우리한테 무슨 말이 하고 싶은 건가?

존 스미스 _ 단도직입적으로 말하겠네. "동서양은 만날 수 있을까?"는 질문할 가치도 없어. 맞아, 아주 웃기는 질문이지. 과학기술로 동서양이 이미 만났음은 다 아는 사실이잖나. 자네는 지난번 중국 풀브라이트 재단에 장학금을 신청한 한 똑똑한 학생에 대해 말했었지. 그 철학과 중국어를 전공했다는 학생 말이야. 자네는 그 학생의 우수한 성적에 유창한 중국어라면 충분히 장학금을 받고도 남는다고 생각하지 않았나. 사실 그 학생은 『노자』를 읽을 정도였으니까 말이야. 하지만 거절당했지. 중국인들이 성인군자에게는 관

179

심이 없다는 것이 그 이유였어. 중국인들은 기술 분야에서 잘 교육 받은 지원자들을 원해. 아! 또 이 중요한 단어가 나왔군. 기술 말이야. 오늘날 세계적으로 인간의 삶을 형성하는 것이 이 기술임을 모르는 사람은 없어. 서양에서처럼 기술적 연구와 제조업이 일본과 한국과 인도에서 호황을 누렸고 이제 중국에서도 그렇지. 동서양의 만남이라고? 아니, 동서양이 합병한 거야. 자, 이제 또 어떤 대단한 질문을 할 건가?

해리슨 J. 펨버턴 _ 그게 말이네, 존. 자네 말이 틀린 말은 아니네만, 나는 굳이 말하자면 좀 더 깊이 들어가 보고 싶은 걸세. 깨달음이 그 정점인 불교와 합리적인 명료함을 끊임없이 추구하는 서양사상은 여전히 서로 다르다네. 이 수준에 합병은 없어. 그러니까 우리는 아직 동서양의 만남을 보지 못한 것이지. 하지만 이제 잘 보게나. 바로 그 차이점 때문에 우리는 질문하고 탐구하고 조사하게 되었네. 그렇게 질문하는 동안 우리가 취하는 입장에 대해 한 번 잘 생각해 보게나. 질문을 할 때 우리는 그 두 사상이 양립할 수 없다는 자각은 유지한 채 그 두 사상에서 한 걸음 물러나 자유롭게 탐구할 수 있지. 여기 동양과 서양이 있고 그 둘을 비교할 수 있는 지점으로 한 걸음 물러선 자네가 있네. 이 세 점으로 이루어진 그림이 보이는가? 이제 붓다와 소크라테스로 하여금 한 걸음 물러서게 한 다음 자유로운 탐구 속에서 서로 만나게 하세. 그 속에서 그 둘은 자신만의 사고 유형에서 상대의 그것으로 옮겨가볼 것이고 서로 양립불가함을 볼 것이네. 바로 그때, 그래 바로 그때, 이들은 따뜻하고 건전한 웃음 속에서 서로 만난 것이 아닐까? 앞에서 우리는 생각의 선 하나를 따라 가다가 양립할 수 없는 또 다른 생각의 선에 맞닥뜨렸을 때 종종 웃음이 터진다는 것을 보았네. 그렇다면 그 웃음을 즐겨보세나. 동서양에 대해 웃을 거리가 많을지도 모르잖나. 그럼, 존. 그런 의미에서 자네도 우리의 웃음에 동참할 텐가?

존 스미스_ 물론이지.

_해리슨 J. 펨버턴, 2013년 8월

미주

1   *Meno* 82d–e, W.R.M. Lamb trans, Loeb Classical Library,
     Harvard University Press, Cambridge, Massachusetts, 1962

2   *Phaedo* 64a, Plato with an English Translation, Harold North
     Fowler trans. Haarvard University Press, Boston Massachusetts,
     1938.

3   앞의 책, 515c

4   *Republic* 509c, F.M. Cornford trans., Oxford University Press,
     New York, 1968.

5   *Timaeus* 51a, Plato's Cosmology, F. M. Cornford,
     Routledge & Kegan Paul Limited, London,1948

6   앞의 책

7   앞의 책, 52a–b

8   Rene Descartes, *Meditations*, John Veitch trans.,
     The Rationalists, Anchor Books, Doubleday & Company,
     Garden City, New York, 1974.

9   *The Birth of Tragedy*, Walter Kaufmann trans., Vintage Books,
     New York, 1967, p.18.

10   앞의 책, p. 42. Kaufmann refers to Sophocles, Oedipus at
     Colonus, lines 1224ff

11   Immanuel Kant, *Critique of Pure Reason*, B137, Norman Kemp
     Smith trans. The Modern Library, New York, 1958

12   *A Treatise of Human Nature*, Appendix, p. 634, L. A. Selby–
     Bigge ed., Oxford at the Clarendon Press, l965.

13   앞의 책, p. 634

14   앞의 책, p. 253

15   *The Meeting of East and West*, The Macmillan Company,
      New York, 1946

16   Octavio Paz, *In Light of India*, Harcourt Brace & Company,
      1995, p. 194

17   Karen Armstrong, *Buddha*, Penguin, 2004, pp. 92-97.

18   앞의 책, p. 95. She refers to Vinaya: Mahavagga, 1:4

19   *Discourse on Thinking*, Harper and Row, New York,
      New York, 1959

20   *Theaetetus* 155d

21   *Foundations of the Metaphysics of Morals* 393, Lewis White
      Beck trans. Macmillan Publishing Company, New York, 1990

22   앞의 책 429

23   *Meno* 86b-c

24   The *Tattvasamgraha*

역자는 서양(독일)에 사는 동양인의 한 사람으로서, 보통의 서양인이 갖는 동양에 대한 인식이 아직도 신기함 정도에서 벗어나지 않는다고 느껴왔다. 달라이 라마의 책이라면 매번 몇 달 동안 베스트셀러 1위를 장식하지만, 이들의 정신에는 근대과학의 발전과 산업혁명 이후 서양이 이룩한 물질적 풍요로움이 늘 일종의 든든한 바탕으로 깔려 있다. 그렇기 때문에 그런 서양적인 배경이 없는 다른 나라들을 볼 때면, 대개 우월함과 관대함과 무관심이 배어 나온다.

물질만능주의가 팽배하는 21세기를 사는 지구인이라면 물질적 풍요를 결코 무시할 수 없다. 그러므로 서양인이라면 현대의 풍요를 가능하게 한 서양의 이성적 사고를 포기할 수 없을 것이고, 동양인이라면 흠모의 눈으로 바라보게 될지도 모르겠다. 하지만 지나치게 물질-외부 지향적인 서양의 정신이 경제적 부와 상대적으로 깨끗하고 투명한 사회를 가져왔을지 몰라도, 그만큼 개인적 정신세계의 연구는 부족해 소외감을 느끼는 고독한 현대인을 낳았다. 반면에 이 책의 배경이 되는 인도-티베트를 중심으로 하는 동양적 정신은 개인의 깨달음에 집중하고 모든 것을 개인적인 문제로 돌리는 경향이 크기 때문에, 사회 경제적으로는 개발도상국을 면치 못하고 있지만 개인적으로 행복한 사람을 상대적으로 더 많이 배출해냈다.

각자 다른 길을 걸어오고 다른 결실을 맺은 동서양이 여전히 그 어느 쪽도 완전하지 않음을 볼 때, 우리는 자연스럽게 이 둘을 건설적으로 아우르는 그 어떤 중도의 길을 열망하게 된다. 그런 의미에서 해리슨 펨버턴의 이 책은 처음부터 역자의 흥미를 끌기에 충분했다. 더불어 서구화한 현대를 사는 한국인 모두의 흥미를 자아내기에 충분하리라 생각한다.

해리슨 펨버턴은 이 책에서 서양사에 한 획을 그은 철학가들을 꽤 방대하고도 심도 있게 다루고 있다. 그들의 이론과 철학적 방법론과 심리를 시간·장소·배경에 상관없이 티베트 불교와 최대한 비교해, 어떻게든 동서양이 서로 만나는 지점을 찾아내려 한다. 역자가 그동안 피부로 느껴왔던 동양에 대한 서양인의 무관심이 무색할 정도로, 저자의 그 노력은 집요하고 눈물겹기까지 하다. 하지만 동서양의 정신세계는 매번 만날 듯하다가도 돌이킬 수 없는 대분열을 일으킨다.

소크라테스, 파르메니데스, 데카르트, 니체, 칸트, 헤겔, 하이데거 등등 누구를 살피든 결론은 비슷하다. 개념화와 이성에 진리가 있다는 서양적 사고와 이성 너머에 진리가 있다는 (불교와 힌두교로 대표되는) 동양적 사고가 서로 팽팽하게 대립한다. 기독교 신비주의와 부정신학에서 둘은 잠시 만나는 듯 했으나, 이 사조들은 서양에서 어디까지나 비주류에 속한다. 그러나 이런 비교 과정에서 우리는 서양철학과 서양 역사 자체가 기하학·수학적인 해법으로 대표되는 이성에 얼마나 강력하게 지배되어 왔는지 여실히 볼 수 있다.

　서양의 입장에서 보면 (구체적으로는 칸트로 종합되는 입장) 어차피 진리는 알 수 없다. 우리가 할 수 있는 일은 전통을 끝없이 회의하는 것으로, 독창적인 새로운 이론을 끄집어내는 것뿐이다. 우리는 불교로 대표되는 동양의 정신세계가 얼마나 이성을 초월하는 데 그 가치를 두고 있는지도 여실히 볼 수 있다. 서양에서는 이성적인 통찰이 끝까지 갈 때 그것이 곧 깨달음이고, 동양에서는 이성을 초월한 주객이 없는 그 어떤 상태가 깨달음이다. 서양의 깨달음으로는 동양의 깨달음을 이해할 수 없고, 동양의 깨달음으로는 서양의 깨달음을 설명할 수 없다. 동양과 서양은 애초부터 그 목표가 달랐고, 따라서 그 방법론이 달라졌고, 따라서 현재의 서로 다른 문화와 사회와 정신세계를 구축하게 된 것이다. 이쯤에서 우리는 이 책의 목표로 저자가 처음에 밝힌 대로 서로를 비교하며 각자 자신을 더 잘 알게 되는 것으로 만족해야 할 것 같다.

　그런데 그렇지가 않다. 펨버턴은 기어이 동서양을 만나게 한다. 펨버턴은 인도에서 융숭한 대접을 받았다. 이방

인의 시각으론 모든 것이 혼란스러운 인도에서 체류하기가 쉽지 않지만, 시장의 가게 주인들마저 늘 호의를 보이는 곳에서 많은 사람의 도움으로 편하고 따뜻하게 그곳 생활을 마감할 수 있었다. 게다가 카르마파와의 토론은 열린 마음을 전제로 했기 때문에 그 어떤 토론도 가능했다. 그곳에서는 머나먼 이국의 생활에서 생길 법한 불편함은 따뜻함과 사랑으로 무마되었고 사소한 것이 되었다.

펨버턴은 이 책에서 마지막으로 그런 열린 마음에 주목했다. 펨버턴과 그의 일행, 그리고 카르마파와 티베트 학승들도 모두 서로에 대한 호의와 존중의 마음으로 끊임없이 동서양의 정신세계를 비교하고 논의했다. 펨버튼에 따르면 바로 이 서로에 대한 호의, 존중 그리고 궁금함으로 마침내 동서양은 서로 만나게 된다. 결국 내용보다는 형식이라는 것이다. 내용과 형식의 문제가 철학에서 전혀 새로운 것이 아님에도 불구하고, 실로 전통을 끝없이 회의하는 것으로 독창적이고 새로운 이론을 만들어내는 이성적인 서양인다운 결론이 아닐 수 없다.

그런데 저자도 짧게 언급했듯이 중도의 길을 '열망'하는 것 자체 역시, 이성을 중시하는 서양적 정신의 소산이다. 구체적으로는 정반합이 과학과 역사의 요체라고 주장했던 헤겔을 떠올리게 한다. 동서양이라는 애초의 구분 또한 다분히 서양적이다. 해리슨 펨버턴이 서양인이라는 사실 또

한 어쩔 수 없이 이 책의 중립성을 해친다.

펨버턴은 이 책이 티베트 불교의 카르마파 성하님과의 공저나 다름없다고 했지만, 카르마파가 과연 동서양의 정신을 각각 분석하고 비교하며 그 중도를 찾아내는 일을 펨버턴만큼이나 집요하게 할지는 여전히 의문스럽다. 본문에서 저자도 썼듯이 그런 일은 불교 입장에서 보면 본질을 놓치게 하는 방해꾼인 것이다. 하지만 카르마파는 다른 차원에서 동서양의 화합을 이루어내는 일을 펨버턴만큼이나 집요하게 할 것이라고 믿어 의심치 않는다. 동서양을 넘어 전 인류를, 나아가 우주의 생명체 전체를 사랑과 자비로 아우르는 달라이 라마의 책들이 유럽에서 베스트셀러가 되는 것도 동양적인 그런 집요한 노력의 결실 중에 하나가 아닐까 한다.

이쯤에서 역자는 이런 다분히 서양적인 동서양의 만남은 하나의 과정은 될지언정 목표가 될 수 없다는 생각을 한다. 나아가 애초부터 우리는 구분될 수 없는 하나였다고 한다면 지나치게 동양적(펨버턴이 보는 그 동양)인 걸까? 그럴지도 모르겠지만, 어쨌든 우리에게 중요한 것은 동서양을 떠나서 한마음으로 모든 존재의 안녕을 위해 노력하는 것일 테다.

소크라테스, 붓다를 만나다
스님들과 함께한 첫 번째 철학 강의

2015년 11월 30일 초판 1쇄 발행

지은이 해리슨 J. 펨버턴 • 옮긴이 추미란
펴낸이 박상근(至弘) • 주간 류지호 • 편집 김선경, 양동민, 이기선, 양민호
디자인 쿠담디자인 • 제작 김명환 • 홍보마케팅 허성국, 김대현, 박종욱, 한동우 • 관리 윤애경
펴낸 곳 불광출판사 110-140 서울시 종로구 우정국로 45-13, 3층
　　　　대표전화 02) 420-3200 편집부 02) 420-3300 팩시밀리 02) 420-3400
　　　　출판등록 제1-183호(1979. 10. 10.)

ISBN 978-89-7479-282-4 03100

이 도서의 국립중앙도서관 출판예정도서목록(CIP)은
서지정보유통지원시스템 홈페이지(http://seoji.nl.go.kr)와
국가자료공동목록시스템(http://www.nl.go.kr/kolisnet)에서 이용하실 수 있습니다.
(CIP제어번호: 2015031744)